I0408510

VOLUMEN 1

FUTUREPEDIA

LA ENCICLOPEDIA

DE INTELIGENCIA
ARTIFICIAL

SIMON GOLD

ÍNDICE

0. INTRODUCCIÓN

Bienvenido a FUTUREPEDIA, la enciclopedia que le llevará a un extraordinario viaje por el universo de la Inteligencia Artificial para su productividad.

Este primer volumen abre un panorama de herramientas útiles, aplicaciones e innovaciones que están transformando rápidamente aspectos de la vida cotidiana.

La idea de un futuro dominado por inteligencias artificiales inteligentes siempre ha fascinado y asustado al imaginario colectivo. Desde los relatos de ciencia ficción hasta las películas más taquilleras, la imagen de robots y algoritmos capaces de pensar y actuar como seres humanos ha inspirado tanto temores como esperanzas. Ahora, nos encontramos en un punto de inflexión en el que la inteligencia artificial se ha convertido en una realidad concreta, que está cambiando el mundo ante nuestros ojos.

FUTUREPEDIA es una guía en constante actualización donde se concentran todas las herramientas de Inteligencia Artificial de cada categoría. Pero este viaje es algo más que una recopilación de información: es una oportunidad para presentarte la utilidad de la IA en tu vida diaria y cómo sus aplicaciones están cambiando nuestra forma de trabajar, comunicarnos, aprender y conectarnos.

Desde su nacimiento en 1956, cuando se acuñó por primera vez el término "inteligencia artificial", la IA ha pasado por una serie de fases de desarrollo. Desde los albores de los algoritmos de aprendizaje automático hasta las redes neuronales profundas de hoy, la evolución ha sido extraordinaria. Y sólo estamos al principio: la IA está destinada a crecer, aprender, adaptarse y abrirse a nuevos retos y oportunidades.

En este primer volumen, no nos limitamos a teorías abstractas, sino que le llevamos a la primera línea, explorando aplicaciones reales y soluciones prácticas.

Con el creciente impacto de la inteligencia artificial en la sociedad, también surgen cuestiones y retos éticos que debemos abordar, como la regulación, la privacidad de los datos, el potencial de automatización y el impacto en el empleo. La tecnología de la IA es un arma de doble filo: ofrece grandes promesas, pero también requiere un pensamiento crítico sobre cómo gestionar sus implicaciones más amplias.

FUTUREPEDIA es más que una enciclopedia especializada: es un proyecto integrador. Los fenómenos relacionados con la inteligencia artificial afectan a todo el mundo, independientemente de sus conocimientos técnicos o sectoriales. Por esta razón, hemos creado esta colección como un recurso accesible a todos, una guía para descubrir y comprender la IA, independientemente de sus conocimientos previos.

¿Está preparado para embarcarse en este viaje hacia la inteligencia artificial? Abra las páginas de FUTUREPEDIA, déjese inspirar por el potencial de las herramientas y prepárese para ser testigo de un futuro que hace sólo unos años parecía un sueño lejano.

Disfrute de su viaje al mundo de la IA.

"LA MENTE QUE SE ABRE A UNA NUEVA IDEA NUNCA VOLVERÁ A SU TAMAÑO ORIGINAL"
ALBERT EINSTEIN

NOTAS:

La información relativa a las herramientas de referencia proporcionada en este libro se presenta únicamente con fines informativos y no constituye asesoramiento profesional ni avala ningún producto o servicio específico. El autor se esfuerza por ofrecer información precisa y actualizada en el momento de su publicación, pero no puede garantizar la integridad o exactitud de dicha información a lo largo del tiempo. Se insta a los usuarios a que actúen con discreción y evalúen por sí mismos la idoneidad y fiabilidad de las herramientas presentadas.

El uso de tales herramientas y referencias queda a la entera discreción y responsabilidad del usuario. El autor no se hace responsable de ninguna pérdida, daño o inconveniente, directo o indirecto, derivado del uso de dichas herramientas. Se aconseja a los usuarios que comprueben cuidadosamente la seguridad, idoneidad y legitimidad de cualquier servicio o recurso mencionado en el libro.

Tenga en cuenta que el panorama tecnológico puede cambiar rápidamente y que algunas herramientas pueden dejar de estar disponibles o actualizadas después de la publicación del libro. Los usuarios son responsables de verificar la información y tomar decisiones informadas en función de sus necesidades específicas.

1. MARKETING

- *FUNNEL BUILDER, MARKETING DIGITAL

- **Constructor de embudos HBA**
- https://hbafunnelbuilder.com/
-
- El constructor de embudos cuatro veces más barato que Clickfunnels con cuatro veces más comisiones. Te permite crear rápida y fácilmente increíbles páginas web, embudos de ventas, páginas de captura de leads, páginas de webinars, sitios de registro y mucho más, ¡sin necesidad de conocimientos técnicos ni de costosos diseñadores y programadores! También se incluye una funcionalidad de cuestionario, un widget de programación e inteligencia artificial (IA) para ayudarle con los titulares, el texto de la página y mucho más. Tendrá acceso ilimitado a formación interna, donde se cubren todos los niveles, desde el

básico hasta el avanzado. Tendrá a su disposición soporte y formación en VIVO, donde podrá hacer preguntas sobre sus proyectos y sus páginas serán analizadas por expertos internos en embudos.

- *BUSCAR, VERIFICAR DIRECCIONES DE CORREO ELECTRÓNICO
- **Cazador 10**
- https://hunter.io/
-
- Hunter 10 es una herramienta de búsqueda y verificación de direcciones de correo electrónico. Esta herramienta ayuda a encontrar direcciones de correo electrónico válidas asociadas a un dominio específico. Es útil para los profesionales de marketing y ventas que desean llegar a clientes potenciales por correo electrónico.

- *MARKETING DIGITAL
- **GetResponse**
- https://www.getresponse.com/
-
- GetResponse ofrece una gama de herramientas para ayudar a las empresas a aumentar su audiencia, interactuar con los clientes y aumentar las ventas online. Es una suite completa que ofrece Email Marketing, Autorespuestas, Páginas de Destino y más. También cuenta con recursos útiles como artículos de blog, seminarios web y guías para ayudar a los usuarios a empezar.

- * MARKETING

•

- **Pabbly**
- https://www.pabbly.com/
-
- Pabbly ofrece varias aplicaciones empresariales para ayudar a la gente a gestionar su negocio. Estas aplicaciones incluyen creación de formularios, marketing por correo electrónico, facturación y automatización. Pabbly Plus es un paquete que ofrece acceso a todas las aplicaciones por el precio de un solo producto. Pabbly también ofrece Pabbly Connect, que permite a los usuarios crear flujos de trabajo automatizados y transferir datos entre aplicaciones. Pabbly Email Marketing es una solución rentable para la mejor entrega de campañas a la bandeja de entrada. Pabbly Form Builder es un software en línea para recopilar un número ilimitado de envíos y pagos. Pabbly Email Verification es un servicio de verificación de correo electrónico que garantiza resultados precisos y verificados. Pabbly Subscription Billing es un software para generar ingresos ilimitados sin gastos de transacción. Las herramientas son fáciles de usar y no requieren conocimientos técnicos. Pabbly tiene un alto índice de satisfacción del cliente y soporta más de 1000 integraciones. Con los planes anuales, los usuarios pueden ahorrar hasta un 50% en el precio. El sitio web es fácil de usar y ofrece registro gratuito.

- *MARKETING

- **Mago**
- https://magician.design/
-

- Magician es una innovadora plataforma basada en IA que ofrece funciones de marketing automatizado para empresas. Con el objetivo de simplificar el proceso de creación y gestión de campañas de marketing, Magician utiliza inteligencia artificial para generar y distribuir contenidos, gestionar anuncios, enviar correos electrónicos de marketing y mucho más. Con la ayuda de algoritmos de aprendizaje automático, Magician es capaz de optimizar continuamente las estrategias de marketing basándose en datos y resultados anteriores, garantizando siempre mejores resultados. Es una solución valiosa para las empresas que desean maximizar la eficiencia y eficacia de su marketing online.

- * ANÁLISIS DE MARKETING
  -

- **Métricas de seguimiento de llamadas**

-

-

- CallTrackingMetrics ayuda a las empresas a seguir y analizar su marketing. Permite atribuir clientes potenciales a campañas específicas, tanto online como offline. El sitio web ofrece funciones como análisis de conversaciones, información basada en IA y atribución de bucle cerrado para ayudar a las empresas a tomar decisiones basadas en datos. También ofrece automatizaciones del flujo de trabajo para ayudar a coordinar los equipos de ventas y marketing. CallTrackingMetrics es utilizado por organizaciones globales como Verizon Connect y Michelin. El sitio web ofrece varios planes e integraciones con herramientas como Google Ads y HubSpot. También ofrece recursos como un podcast y un blog. En general, CallTrackingMetrics ayuda a las empresas a mejorar su ROI de marketing y a tomar decisiones informadas.

• *EMAIL MARKETING

• **MailRush**

• https://mailrush.io/

•

• MailRush ofrece un servicio de software de marketing por correo electrónico para que las empresas automaticen sus campañas de marketing por correo electrónico B2B. Proporcionan una única solución de software para campañas de marketing por correo electrónico B2B que incluye un proveedor de servicios de correo electrónico y un software de automatización de correo electrónico. El servicio ofrece funciones como el calentamiento de correos electrónicos, la validación de correos electrónicos y el seguimiento de correos electrónicos. MailRush también proporciona una serie de indicadores de rendimiento para supervisar el éxito de las campañas de marketing. Requieren que los usuarios tengan un nombre de dominio y una dirección de correo electrónico registrados, y ofrecen una prueba gratuita de 14 días sin necesidad de tarjeta de crédito. También proporcionan un servicio de calentamiento del correo electrónico para mejorar su entrega y ofrecen opciones de IP compartida y dedicada. Son adecuados para agencias de marketing digital, proveedores de servicios SaaS, estudios de animación, empresas de recursos humanos y selección de personal, empresas de comercio electrónico y organizaciones que deseen dar a conocer sus productos o servicios.

- *BOLETINES, CAMPAÑAS POR CORREO ELECTRÓNICO

- **Flodesk**
- https://flodesk.com/
-
- Flodesk es una herramienta basada en inteligencia artificial para la creación de boletines y campañas de marketing por correo electrónico. Esta herramienta ofrece atractivas plantillas de correo electrónico y funciones de automatización para enviar mensajes personalizados a sus contactos. Es útil para empresas y profesionales del marketing que quieran mejorar su estrategia de marketing por correo electrónico y llegar a sus clientes de forma eficaz.

- *ANÁLISIS DE MERCADO

- **Analisa Apadrinada**
- https://analisa.io/
-
- Analisa Sponsored es una aplicación basada en inteligencia artificial que te ayuda a analizar y evaluar las campañas de marketing patrocinadas en plataformas de redes sociales como Instagram y Facebook. Con la ayuda de sus algoritmos avanzados, Analisa Sponsored te ofrece un análisis detallado sobre el rendimiento de tus campañas, incluyendo datos sobre impresiones, engagement, conversiones y más. Esto le ayuda a identificar qué campañas están funcionando mejor y cuáles pueden necesitar ajustes para obtener mejores resultados. Con Analisa Sponsored, puede tomar decisiones estratégicas más

informadas sobre su presupuesto de marketing y obtener el máximo impacto de sus inversiones en publicidad.

• *ANÁLISIS DE MERCADO

- **Zeemo**
- https://zeemo.ai/zmapp/
-
- Zeemo es una herramienta de análisis de datos para marketing digital. Esta herramienta proporciona información detallada sobre el rendimiento de las campañas de marketing, incluidos los anuncios, las redes sociales y otras actividades digitales. Es útil para los profesionales del marketing que desean optimizar sus estrategias de marketing y alcanzar sus objetivos empresariales.

• *MARKETING

- **Lápiz**
- https://www.trypencil.com/
-
- Pencil es una herramienta que ayuda a marcas y agencias a crear nuevas variantes de anuncios de forma rápida y sencilla mediante la generación de inteligencia artificial (AI). Pencil ofrece funciones como predicciones de AI basadas en más de mil millones de anuncios gastados, edición mediante arrastrar y soltar, información sobre qué anuncios funcionan y por qué, y comparaciones con otras marcas del mismo sector. El sitio web incluye un recorrido por el producto, información sobre precios, estudios de casos y una biblioteca de anuncios de AI. Pencil también ofrece

una tienda para páginas de comercio electrónico y una herramienta de generación de contactos. El sitio web incluye testimonios de clientes satisfechos y enlaces a recursos como libros electrónicos y un podcast. El principal objetivo del sitio web es ayudar a las empresas a crear anuncios ganadores 10 veces más rápido gracias a la inteligencia artificial.

- *CAMPAÑAS PUBLICITARIAS

- **AdVision**
- https://advision.ai/
-
- AdVision es una herramienta de análisis y optimización de campañas publicitarias basada en inteligencia artificial que ayuda a las empresas a maximizar los resultados de sus campañas de marketing online. Mediante algoritmos de aprendizaje automático, AdVision analiza los datos de las campañas publicitarias, identifica tendencias y ofrece recomendaciones para mejorar la estrategia de marketing.

- *MARKETING

- **Fadr**
- https://fadr.com/
-
- Fadr es una herramienta de marketing basada en inteligencia artificial que ayuda a las empresas a mejorar la eficacia de sus campañas publicitarias y promocionales. Mediante algoritmos de aprendizaje automático, Fadr analiza los datos de los clientes y las tendencias del mercado para identificar las estrategias

de marketing más eficaces y optimizar la distribución de los presupuestos publicitarios. El objetivo de Fadr es ofrecer soluciones de marketing personalizadas y de alto rendimiento que ayuden a las empresas a llegar a su público objetivo y obtener resultados significativos.

- *MARKETING, SEO

- **Squirrly SEO**
- https://squirrly.co/
-
- Squirrly SEO es un conjunto de herramientas de marketing basadas en inteligencia artificial para optimizar las estrategias de SEO. Gracias a sus funciones de búsqueda de palabras clave, optimización de contenidos y supervisión del rendimiento, Squirrly SEO ayuda a los usuarios a mejorar su visibilidad en los motores de búsqueda y a llegar a su público objetivo.

- *COMUNICACIÓN

- **Cristalino**
- https://crystalclear.ai/
-
- Crystal Clear es una herramienta avanzada de análisis y comunicación basada en inteligencia artificial que ayuda a las empresas a mejorar la calidad y eficacia de sus comunicaciones. Mediante el análisis del lenguaje natural, Crystal Clear analiza el contenido de las comunicaciones corporativas, como correos electrónicos, presentaciones y documentos, proporcionando comentarios y sugerencias para

mejorar la claridad, coherencia e impacto de los mensajes. Esta herramienta es especialmente útil para profesionales del marketing, ejecutivos y equipos de comunicación que deseen optimizar su estrategia de comunicación y llegar a su público con mayor eficacia.

- *ESCAPARATE DE MARKETING DE PRODUCTOS

- **Ojo Munch**
- https://muncheye.com/
-
- Munch Eye es una plataforma que ofrece una visión general de los próximos lanzamientos de productos y servicios en el ámbito del marketing digital y el emprendimiento en línea. Los usuarios pueden informarse sobre los próximos productos, las fechas de lanzamiento y los datos de contacto de los desarrolladores. Esta herramienta es útil para empresarios, afiliados y profesionales del marketing que deseen mantenerse al día sobre las nuevas oportunidades de negocio en el mundo digital.

- *LEADS ON LINKEDIN

- **Sopa Dux**
- https://www.dux-soup.com
-
- Dux-Soup ayuda a los profesionales de ventas y marketing, agencias de generación de leads y propietarios de empresas a encontrar leads cualificados en Linkedin. La herramienta automatiza las campañas de captación, envía invitaciones de conexión, visualiza y aprueba perfiles y envía mensajes e InMail. También integra otras herramientas y permite

estrategias multicanal y la gestión centralizada de prospectos. Ofrece estudios de casos y casos de éxito de usuarios que han logrado un crecimiento significativo de su canal de ventas y han ahorrado tiempo utilizando Dux-Soup. La herramienta es segura, sin necesidad de acceso de terceros, y mantiene todo el historial de actividad dentro de Linkedin. Ofrece una prueba gratuita de 14 días y múltiples planes de suscripción. También incluye recursos como un blog, seminarios web y un centro de ayuda. En general, Dux-Soup tiene como objetivo ayudar a los usuarios a hacer crecer su canal de ventas más rápido y acelerar el crecimiento de su negocio mediante la búsqueda de nuevos clientes potenciales cualificados en Linkedin todos los días.

• *OPTIMIZACIÓN PUBLICITARIA

• **Powermode**
• https://powermodeai.com/
•

• Powermode es una herramienta basada en inteligencia artificial para la creación y optimización de anuncios. Esta herramienta utiliza algoritmos avanzados para generar anuncios creativos y atractivos para las redes sociales y otras plataformas publicitarias. Es ideal para profesionales del marketing y anunciantes que deseen mejorar el rendimiento de sus campañas publicitarias y llegar a un público más amplio.

• *MARKETING Y GESTIÓN DE CLIENTES

• **Addy**
• https://addy-ai.com/

-
- Addy es una herramienta de automatización para el marketing y la gestión de clientes. Esta herramienta ofrece funciones de marketing por correo electrónico, CRM y automatización de procesos empresariales. Es útil para las empresas que desean mejorar la eficacia de sus actividades de marketing y mantener organizada la gestión de clientes.

  - *ANÁLISIS DEL COMPORTAMIENTO DEL USUARIO
- **Hotjar**
- https://hotjar.com/
-
- Hotjar es una potente plataforma de análisis del comportamiento y feedback de los visitantes para sitios web y aplicaciones. Con Hotjar, las empresas pueden obtener análisis en profundidad del comportamiento de los visitantes, incluidos mapas de aglomeración web, registros de sesiones de usuario, encuestas y mucho más. Estos datos permiten a las empresas comprender mejor cómo interactúan los usuarios con su sitio web o app, identificar problemas y oportunidades de optimización, y tomar decisiones informadas para mejorar la experiencia del usuario. Hotjar es una solución integral e intuitiva que proporciona una visión completa del rendimiento de los sitios web y ayuda a las empresas a obtener mejores resultados online.

2. OPTIMIZACIÓN SEO, RANKING WEB

• *OPTIMIZACIÓN SEO

• **Alli AI**

• https://www.alliai.com/

•

• Alli AI ayuda a las empresas a mejorar la optimización para motores de búsqueda (SEO) automatizando e implementando cambios en el código y el contenido de sus sitios web. Ofrece funciones como optimización masiva en la página, edición en tiempo real, despliegue en tiempo real, pruebas A/B automatizadas y optimización de la velocidad del sitio. Alli AI puede funcionar con cualquier sistema de gestión de contenidos (CMS) y permite a los usuarios realizar cambios en el código y el contenido de su sitio web directamente en la página de su navegador. El sitio ofrece instrucciones paso a paso y una calculadora de costes. Alli AI ofrece una prueba gratuita de 10 días para que pueda comprobar si es adecuado para usted.

• *OPTIMIZACIÓN, SEO

• **Mangools**

• https://mangools.com/

•

• Mangools es una suite de herramientas SEO que ofrece diversas funcionalidades para la optimización en buscadores. La suite incluye KWFinder, SERPWatcher,

SERPChecker, LinkMiner y SiteProfiler. KWFinder es una herramienta de búsqueda de palabras clave que ayuda a encontrar las palabras clave más relevantes y buscadas para un tema determinado. SERPWatcher le permite monitorizar el ranking de su sitio web para palabras clave específicas y realizar un seguimiento de los cambios a lo largo del tiempo. SERPChecker analiza los resultados de los motores de búsqueda para palabras clave específicas y proporciona datos detallados sobre la competencia y los vínculos de retroceso. LinkMiner ayuda a descubrir y analizar los backlinks de un sitio web, mientras que SiteProfiler ofrece un análisis exhaustivo de las métricas de un dominio.

- *VIGILANCIA, POSICIONAMIENTO

- **RankRanger**
- https://rankranger.com/
-
- RankRanger es una herramienta completa para supervisar y analizar las posiciones de los sitios web en los motores de búsqueda. Proporciona datos precisos y actualizados sobre las clasificaciones de palabras clave, lo que permite realizar un seguimiento del rendimiento del sitio y de las estrategias SEO aplicadas. RankRanger también ofrece una serie de herramientas de análisis, como el análisis de backlinks y de la competencia, para ayudar a mejorar la visibilidad online de un sitio web.

- *OPTIMIZA EL CONTENIDO

- **MarketMuse**
- https://marketmuse.com/

-
- MarketMuse es una herramienta de inteligencia de contenidos que utiliza la IA para optimizar y mejorar la creación de contenidos. Con la ayuda de MarketMuse, los usuarios pueden descubrir palabras clave relevantes, analizar la competencia y obtener sugerencias para mejorar la clasificación de sus contenidos en los motores de búsqueda.

- *OPTIMIZACIÓN SEO

- **Semrush**
- https://www.semrush.com/
-
- Semrush es una herramienta de marketing digital que ayuda a las empresas a aumentar su presencia en Internet. Dispone de herramientas para la optimización de motores de búsqueda (SEO), marketing de contenidos, estudios de mercado, publicidad, redes sociales y mucho más. Proporciona a los usuarios datos e información de millones de palabras clave, vínculos de retroceso, perfiles de dominio y mucho más de todo el mundo. Puede ayudarle a encontrar temas que resuenen con su público, supervisar las posiciones SERP (página de resultados del motor de búsqueda) de su sitio web, analizar las estrategias de marketing de sus competidores, optimizar su gasto en publicidad, planificar y publicar contenidos en las redes sociales, crear informes personalizados, etc.
- Ha ganado 21 premios internacionales como la mejor suite de software SEO.

- *SUITE SEO

- **SEO PowerSuiteProfessional - Anual**
- https://link-assistant.com
-
- SEO PowerSuite es una suite completa de herramientas SEO que incluye Rank Tracker, Website Auditor, SEO SpyGlass y LinkAssistant. Estas herramientas ofrecen funcionalidades para la investigación de palabras clave, análisis de backlinks, auditoría SEO de sitios web y gestión de enlaces. Con SEO PowerSuite, los usuarios pueden obtener un análisis en profundidad del rendimiento de su sitio web y aplicar estrategias de optimización eficaces.

- *OPTIMIZACIÓN, SEO

- **Software Netpeak**
- https://netpeaksoftware.com
-
- Netpeak Software es una suite de herramientas SEO que ofrece diversas funcionalidades para la optimización de sitios web. La suite incluye Netpeak Spider, Netpeak Checker y Netpeak Tracker. Netpeak Spider es una herramienta de análisis SEO que escanea el sitio web en busca de errores técnicos y optimiza la estructura de enlaces. Netpeak Checker ofrece análisis de backlinks y de la competencia, mientras que Netpeak Tracker ayuda a supervisar las clasificaciones de palabras clave y a analizar los datos de tráfico del sitio web.

- *Análisis estratégico de la competencia

- **Spyfu**
- https://spyfu.com/

-
- Spyfu es una herramienta de análisis de la competencia basada en inteligencia artificial. Esta herramienta analiza las estrategias de marketing online de la competencia, incluyendo anuncios, palabras clave y posiciones orgánicas en buscadores. Es útil para vendedores y empresarios que desean obtener inteligencia competitiva para mejorar sus estrategias de marketing y SEO.

- *OPTIMIZACIÓN DEL SITIO WEB
- **ABtesting**
- https://abtesting.ai/
-
- ABTesting.ai ayuda a las personas a mejorar el rendimiento de su sitio web. Utiliza inteligencia artificial (IA) para sugerir cambios en el sitio web que lo hagan más atractivo para los visitantes y aumenten la probabilidad de que realicen una acción deseada, como hacer una compra. La herramienta también ofrece sugerencias de texto automatizadas para títulos, textos y llamadas a la acción. Puede probar múltiples variables simultáneamente y facilitar la optimización del rendimiento del sitio web sin tener que supervisar constantemente las pruebas A/B ni pensar qué cambios realizar. La herramienta es compatible con creadores de sitios web populares como WordPress, Webflow, Squarespace, Wix, Blogger, Shopify, Jimdo, Next.js y otros. Este sitio web también contiene un estudio de caso sobre cómo Toyota mejoró su tasa de conversión en un 18% utilizando ABTesting.ai. El sitio web es fácil de usar y ofrece registro gratuito.

- *OPTIMIZACIÓN, SEO, PALABRAS CLAVE
- **SerpStat**
- https://serpstat.com/
-
- SerpStat es otra herramienta SEO todo en uno que ofrece funciones como la investigación de palabras clave, el análisis de la competencia, la supervisión de la posición en los motores de búsqueda y el análisis de backlinks. Permite a los usuarios obtener datos en profundidad sobre las palabras clave y las estrategias de optimización utilizadas por la competencia, lo que facilita la creación de estrategias eficaces para mejorar el posicionamiento en buscadores.

- *OPTIMIZACIÓN

- **SEObility**
- https://seobility.net/
-
- SEObility es una herramienta de auditoría SEO que analiza un sitio web y hace sugerencias para mejorar su optimización. Examina aspectos como la optimización de palabras clave, la arquitectura del sitio, la estructura de enlaces, etc. Además, SEObility ofrece herramientas para supervisar las posiciones en los motores de búsqueda y comprobar la competencia.

- *OPTIMIZACIÓN, SEO

- **SENuke**
- https://senuke.com/
-

- SENuke es un software de automatización SEO que le ayuda a crear backlinks de alta calidad y mejorar la visibilidad de su sitio web en los motores de búsqueda. Ofrece marcadores sociales, envío de artículos, envío a redes sociales y mucho más. Con SENuke, los usuarios pueden automatizar ciertas tareas de SEO para ahorrar tiempo y aumentar la eficacia de sus estrategias de optimización.

- *OPTIMIZACIÓN SEO

- **IA clasificada**
- https://www.ranked.ai/
-
- Ranked AI ayuda a las empresas a mejorar su posicionamiento en buscadores (SEO) proporcionándoles contenidos de blog escritos por profesionales, servicios de optimización y backlinks auténticos. También ofrecen software SEO avanzado y utilizan inteligencia artificial para mejorar la búsqueda de contenidos, la optimización y las estrategias de difusión. Los servicios de posicionamiento empiezan en 99 $ al mes y están totalmente gestionados, sin cuotas de alta, penalizaciones por cancelación ni contratos. Han recibido valoraciones positivas de empresas y agencias y ofrecen documentación transparente y vídeos de los servicios. El sitio web de Ranked incluye información sobre sus servicios, precios, casos prácticos y opiniones de clientes. También ofrecen una prueba gratuita y la posibilidad de que las empresas personalicen sus servicios. En general, Ranked pretende que la optimización para

buscadores sea sencilla y asequible para empresas de todos los tamaños.

- *OPTIMIZACIÓN, SEO

- **Marcador matinal**
- https://morningscore.io/
-
- Morning Score es una herramienta de análisis SEO que ofrece una puntuación global del rendimiento SEO de un sitio web. Con Morning Score, los usuarios pueden obtener un análisis detallado de la optimización del sitio web, incluyendo elementos como palabras clave, backlinks, problemas técnicos y más. Esta herramienta ayuda a identificar áreas de mejora para aumentar la visibilidad y el tráfico del sitio web.

- *ANÁLISIS DEL RENDIMIENTO DEL SITIO

- **Kaiber**
- https://kalber.al/
-
- Kaiber es una herramienta de análisis del rendimiento de sitios web. Esta herramienta proporciona información detallada sobre el rendimiento del sitio web, incluidos los tiempos de carga, la optimización SEO y mucho más. Es útil para webmasters y propietarios de sitios web que deseen optimizar la velocidad y el rendimiento de su sitio.

- * OPTIMIZACIÓN SEO

- **Mangools**
- https://mangools.com/

-

- Mangools ofrece herramientas de optimización para motores de búsqueda (SEO) para ayudar a las personas a mejorar su presencia en línea. La optimización para motores de búsqueda (SEO) es una forma de garantizar que los sitios web aparezcan en los resultados de los motores de búsqueda cuando la gente los busca. Mangools ofrece una variedad de herramientas que pueden ayudar a las personas a entender mejor su sitio web y asegurarse de que está optimizado para los resultados de los motores de búsqueda. Estas herramientas incluyen la búsqueda de palabras clave, el análisis de la página de resultados del motor de búsqueda (SERP), el seguimiento de posiciones, el análisis de vínculos de retroceso y el análisis de sitios web. El sitio web también ofrece material educativo gratuito y artículos de blog para ayudar a comprender mejor la optimización de motores de búsqueda. Mangools ofrece diversos planes de suscripción, así como una prueba gratuita de 10 días.

- *SEGUIMIENTO, ANÁLISIS

- **Iniciación a la clasificación web avanzada**

- https://www.advancedwebranking.com/

-

- Advanced Web Ranking es una herramienta de monitorización de rankings en buscadores y análisis de palabras clave. Proporciona datos precisos y actualizados sobre los rankings de palabras clave y ayuda a monitorizar el ranking del sitio web frente a los competidores. Con Advanced Web Ranking, los usuarios pueden obtener un análisis detallado del rendimiento de su sitio web y tomar decisiones informadas para mejorar su visibilidad en línea.

• * POSICIONAMIENTO WEB

- **Susurro de enlace**
- https://linkwhisper.com/
-
- Link Whisper es una herramienta que ayuda a mejorar la posición de un sitio web en los motores de búsqueda sugiriendo enlaces internos relevantes. La creación de enlaces internos es una estrategia infrautilizada en la optimización para motores de búsqueda (SEO) y Link Whisper la facilita sugiriendo enlaces al escribir artículos. También ayuda a encontrar y construir rápidamente enlaces internos a artículos antiguos que necesitan más atención. Link Whisper dispone de una función de creación automática de enlaces que construye enlaces a partir de las palabras clave que usted elija y también proporciona un informe detallado de enlaces para ayudarle a optimizar su sitio. La herramienta es fácil de usar y compatible con la mayoría de editores y temas. Link Whisper ha recibido críticas positivas de usuarios que han conseguido mejoras espectaculares en el tráfico y la clasificación de sus sitios web. El sitio web ofrece diferentes planes de precios en función del número de sitios que posea el usuario.

• *PRUEBAS DE SITIOS WEB Y APLICACIONES

- **Prueba Lambda**
- https://www.lambdatest.com/

-
- LambdaTest proporciona una plataforma para probar sitios web y aplicaciones móviles. Ofrece diversas herramientas y servicios, como pruebas interactivas en tiempo real en distintos navegadores, pruebas automatizadas y pruebas de regresión visual. Los usuarios pueden probar sus aplicaciones en dispositivos reales, incluidos televisores inteligentes, y acceder a información de pruebas inteligentes basadas en IA. También ofrece recursos como seminarios web, vídeos y estudios de casos para ayudar a los usuarios a aprender más sobre las pruebas. LambdaTest es utilizada por más de 2 millones de usuarios en todo el mundo, entre ellos grandes empresas como Microsoft, Nvidia y Telstra. El sitio web ofrece una prueba gratuita y varios planes de precios entre los que elegir.

- *SEGUIMIENTO DE LA POSICIÓN

- **Rastreador de rangos**
- https://www.ranktracker.com/
-
- Rank Tracker es una herramienta de monitorización de posiciones en buscadores basada en inteligencia artificial. Esta herramienta ofrece un análisis preciso y oportuno de las posiciones de un sitio web en los resultados de búsqueda de Google y otros motores de búsqueda. Es útil para los profesionales de SEO y los propietarios de sitios web que desean supervisar el posicionamiento de sus páginas y mejorar su visibilidad en línea.

- *OPTIMIZACIÓN SEO

- **Proveedor SEO**
- https://seovendor.co/
-
- SEO Vendor es una herramienta de optimización para motores de búsqueda (SEO) que le ayuda a mejorar la visibilidad y la posición de su sitio web en los resultados de búsqueda. Con la ayuda de sus avanzados algoritmos, SEO Vendor le proporciona un análisis en profundidad del rendimiento de su sitio web, identificando sus puntos fuertes y débiles y ofreciéndole sugerencias para mejorar su posicionamiento en los motores de búsqueda. Puede utilizar SEO Vendor para descubrir nuevas palabras clave relevantes para su sector, supervisar a los competidores y realizar un seguimiento del progreso de sus estrategias de SEO. Se trata de una herramienta esencial para las empresas y los sitios web que desean obtener una mayor visibilidad en línea y llegar a un público más amplio.

- *OPTIMIZACIÓN SEO

- **Zutrix**
- https://zutrix.com/
-
- Zutrix proporciona herramientas SEO para ayudar a aumentar el tráfico del sitio web. Ofrece herramientas como Rank Tracker, Keyword Research, Backlink Monitoring y SERP API. Zutrix está diseñado para vendedores individuales, agencias y equipos. Cuenta con funciones como Laboratorio de palabras clave, Análisis de la competencia, Notificaciones, Enlaces compartibles y Marca blanca. Zutrix también ofrece

integraciones con apps como Google, Search Console, Analytics, Telegram, Slack y J. Tiene tres planes de suscripción: Starter, Pro y Agency. Zutrix cuenta con más de 2.000 agencias SEO, empresas y profesionales del marketing individuales que utilizan sus herramientas. Ofrece 7 días de prueba por 7 dólares y no cobra gastos de cancelación. Zutrix está protegido por SSL y ofrece opciones de pago seguras. También cuenta con un servicio de ayuda, un programa de afiliados y una sección de blog. En definitiva, Zutrix es un sitio web que proporciona herramientas SEO para ayudar a las empresas a mejorar su posicionamiento web en los motores de búsqueda.

• *OPTIMIZACIÓN SEO, BRANDING
• **Clasificador Web 2.0**
• https://web20ranker.com/
•

• Web 2.0 Ranker es un sitio web que ofrece diversos servicios para ayudar a las empresas a mejorar su presencia en línea y posicionarse mejor en buscadores como Google. Ofrecen servicios como SEO local, SEO orgánico, backlinks, branding, prensa y medios de comunicación, y mucho más. El sitio web proporciona una lista de servicios que las empresas pueden elegir para mejorar su visibilidad en línea. También ofrecen servicios SEO de marca blanca para agencias que deseen revender sus servicios a sus clientes. El sitio web es fácil de navegar y proporciona información detallada sobre cada servicio que ofrecen. En general, Web 2.0 Ranker es una ventanilla única para las empresas que deseen mejorar su presencia en línea y posicionarse mejor en los motores de búsqueda.

• *OPTIMIZACIÓN SEO

• **Crowdo**
• https://crowdo.net/
•
• Este sitio web ofrece servicios de SEO para ayudar a las empresas a mejorar su visibilidad en línea y su clasificación en motores de búsqueda como Google. Ofrecen varios servicios como guest posting, link building, auditoría SEO y SEO local. El sitio web también ofrece un cuestionario para ayudar a las empresas a determinar qué servicio necesitan más. Se dirigen tanto a agencias como a propietarios de empresas y tienen ofertas especiales para pedidos al por mayor. El principal servicio que ofrecen se llama Crowdo Links, que son vínculos de retroceso contextuales de foros populares y sitios de preguntas y respuestas. Garantizan que los enlaces son orgánicos y seguros y ofrecen un año de garantía en caso de que se elimine el enlace. El sitio web ofrece diferentes paquetes de Crowdo Links y los clientes pueden elegir el número de enlaces que desean y la duración del servicio. El sitio web también tiene un blog, estudios de casos y una herramienta de análisis SEO.

• *OPTIMIZACIÓN, SEO

• **Víbora SEO**
• https://bowesmarketing.clickfunnels.com/optin161051 5362549#
•

33

- SEO Viper es una herramienta de análisis y optimización SEO diseñada para ayudar a empresas y profesionales del marketing a mejorar el posicionamiento de sus sitios web en los motores de búsqueda. Con funcionalidades avanzadas y datos precisos, SEO Viper ofrece un análisis en profundidad del rendimiento del sitio web y sugerencias para optimizarlo y conseguir un mejor posicionamiento en las páginas de resultados de búsqueda.

- *EQUIPO DE OPTIMIZACIÓN SEO
- **Rastreador ProRank**
- https://proranktracker.com/
-
- ProRankTracker es una herramienta para personas que trabajan en SEO (optimización de motores de búsqueda). Les ayuda a supervisar y analizar la clasificación de sitios web en motores de búsqueda como Google, Bing y Yahoo. El sitio web ofrece funciones como el seguimiento preciso de la clasificación de los resultados de búsqueda (SERP), la elaboración de informes y el análisis. También proporciona una aplicación móvil para comprobar las clasificaciones y descargar informes mientras se está en movimiento. Más de 60.000 agencias de SEO, empresas, especialistas en SEO, SEM y propietarios de sitios web de todo el mundo utilizan ProRankTracker. El sitio web ofrece diferentes planes y opciones de precios para distintos tipos de usuarios, como agencias, departamentos internos de SEO y propietarios de sitios web. También ofrece una versión de prueba gratuita para que los usuarios puedan

probar la herramienta antes de comprarla. ProRankTracker se dedica a ser el mejor en monitorización de rankings y generación de informes y garantiza una precisión del 100%. El sitio web también ofrece atención al cliente a través de gestores de éxito del cliente dedicados, soporte rápido de tickets, chat en directo y tutoriales y vídeos de ayuda.

- *OPTIMIZACIÓN SEO
- **SEO para surfistas**
- https://surferseo.com/
-
- Surfer SEO ayuda a los usuarios a optimizar el contenido de su sitio web y a posicionarse mejor en los resultados de los motores de búsqueda. Cuenta con funciones como la plataforma de gestión del crecimiento de AI, el editor de contenidos, la herramienta de investigación de palabras clave y la auditoría SEO. También proporciona herramientas gratuitas como AI Outline Generator y Keyword Surfer Extension. Surfer Academy ofrece sesiones de formación en directo, artículos de blog y una base de conocimientos para ayudar a los usuarios a aprender más sobre la herramienta. También proporciona un directorio de redactores SEO, un programa de afiliados y un grupo privado de Facebook para que los usuarios establezcan contactos y colaboren. Por último, ofrece 7 días de prueba gratuita y varias opciones de precios.

- *ANÁLISIS DEL RENDIMIENTO DEL SITIO
- **Laboratorio de herramientas SEO**
- https://seotoollab.com

-
- SEO Tool Lab es un recurso útil para quienes desean descifrar la dinámica de la optimización en buscadores. Ofrece un conjunto de herramientas para analizar el rendimiento del propio sitio web y obtener información crucial para mejorar su clasificación en Google y otros resultados de motores de búsqueda.

- *ANÁLISIS DEL SITIO WEB
- **Rana gritona**
- https://screamingfrog.co.uk/
-
- Screaming Frog es una conocida herramienta utilizada por agencias SEO y expertos del sector para analizar y supervisar sitios web. Gracias a sus avanzadas funciones de escaneado, Screaming Frog ofrece una amplia visión general del rendimiento del sitio y permite identificar posibles problemas técnicos o de optimización.

- *AUDITORÍAS TÉCNICAS DE SITIOS WEB
- **Screaming Frog - Araña SEO**
- https://screamingfrog.co.uk/seo-spider/
-
- Screaming Frog - SEO Spider es una herramienta de análisis SEO muy utilizada por agencias y profesionales del sector para realizar auditorías técnicas en profundidad de sitios web. Se trata de un crawler, es decir, un programa que escanea a fondo un sitio web y recopila datos e información detallada sobre sus páginas, estructura y enlaces.

- *OPTIMIZACIÓN DE LA CONVERSIÓN DE CLIENTES POTENCIALES
- **Llegue a**
- https://magicreach.ai/
-
- Reach es una IA de optimización de conversiones que ayuda a las empresas a mejorar el rendimiento de sus sitios web y páginas de destino. Con Reach, las empresas pueden utilizar algoritmos de inteligencia artificial para analizar los datos del sitio web, identificar áreas de mejora y sugerir acciones específicas para aumentar las conversiones. Se trata de una valiosa herramienta para vendedores y propietarios de sitios web que deseen optimizar sus estrategias de captación de clientes y maximizar los resultados de sus campañas. Reach ofrece un enfoque basado en datos e inteligencia artificial para lograr resultados medibles y mejorar la eficacia de las estrategias de marketing online.

3. SITIOS WEB

- *CREACIÓN DE PÁGINAS WEB
- **HostMetro**
- https://www.hostmetro.com/
-
- HostMetro ayuda a la gente a crear sus propios sitios web. Ofrecen varios planes de alojamiento, entre ellos

Mega Max Hosting, Super Max Hosting y Email Hosting. Todos los planes incluyen alojamiento ilimitado de dominios, cuentas de correo electrónico y un nombre de dominio gratuito. En general, HostMetro es completo para todas sus necesidades de alojamiento de sitios web integrados en AI.

- *OPTIMIZACIÓN DEL SITIO WEB

- **Optimo**
- https://askoptimo.com
-

- Optimo es una herramienta basada en inteligencia artificial para analizar y optimizar sitios web. Esta herramienta analiza el rendimiento del sitio web, identifica problemas y sugiere mejoras para aumentar la velocidad, la usabilidad y la experiencia del usuario. Es útil para webmasters, desarrolladores y propietarios de sitios web que deseen optimizar su sitio para mejorar los resultados de búsqueda y la satisfacción del usuario.

- *BUSCAR EN SITIOS

- **Algolia**
- https://algolia.com/
-

- Algolia es una herramienta de búsqueda avanzada basada en IA que ayuda a mejorar la experiencia de búsqueda en tu sitio web o aplicación. Con capacidades de búsqueda instantáneas y personalizadas, Algolia permite a los usuarios encontrar rápidamente el contenido que desean, mejorando el compromiso y la satisfacción del usuario.

Con un potente algoritmo de detección de erratas, Algolia corrige automáticamente los errores tipográficos en las consultas de búsqueda, garantizando resultados precisos y relevantes. Esta herramienta es perfecta para empresas y sitios web con grandes cantidades de contenido, que desean ofrecer una búsqueda rápida y eficaz a sus usuarios.

- OPTIMIZACIÓN DEL SITIO

- **Mintlify**
- https://mintlify.com/
-
- Mintlify es una plataforma de optimización del rendimiento de sitios web basada en IA que ayuda a mejorar la velocidad y el rendimiento de los sitios web. Al analizar el sitio web y optimizar el código automáticamente, Mintlify ayuda a reducir los tiempos de carga de las páginas y a mejorar la experiencia del usuario. Esta herramienta es especialmente útil para propietarios de sitios web y webmasters que quieren mejorar el rendimiento de sus sitios y lograr un mejor posicionamiento en los motores de búsqueda. Con Mintlify, puedes conseguir un sitio web rápido y de alto rendimiento y una mejor experiencia de usuario para tus visitantes.

- *CREACIÓN DE PÁGINAS WEB

- **Construir**
- https://buildt.ai/
-
- Buildt es una innovadora plataforma de creación de sitios web basada en inteligencia artificial que te ofrece

una solución todo en uno para crear sitios web profesionales y atractivos. Gracias a su interfaz intuitiva y a sus potentes herramientas de arrastrar y soltar, puedes crear el sitio web de tus sueños sin necesidad de tener conocimientos de codificación o diseño. Buildt te ofrece una amplia gama de plantillas y temas personalizables entre los que elegir, para que puedas crear un sitio web que se adapte perfectamente a tus necesidades. Con funciones avanzadas como formularios de contacto, galerías de imágenes, comercio electrónico y mucho más, Buildt te permite dar vida a tus ideas y alcanzar nuevos niveles de visibilidad online.

- * OPTIMIZACIÓN DEL SITIO WEB
  -

- **ChipBot**
- https://getchipbot.com/
-

- ChipBot es una herramienta que ayuda a las empresas a mejorar su sitio web añadiendo vídeo, chat en directo y una base de conocimientos. Puede ser utilizada por agencias digitales, servicios profesionales, comercio electrónico, inmobiliarias, autónomos, coaches y productos SaaS. Con ChipBot, las empresas pueden aumentar las ventas, generar clientes potenciales, ahorrar tiempo respondiendo a preguntas repetitivas y ofrecer una mejor atención al cliente. ChipBot es fácil de instalar y se puede personalizar para adaptarlo a las necesidades de la empresa. También ofrece integraciones con creadores de sitios web populares como Shopify, Wix, WordPress y otros. ChipBot se ha utilizado en más de 3.500 sitios web con una puntuación de 4,7 sobre 5. El sitio web también ofrece un programa de afiliados y soluciones de marca blanca para agencias. En general, ChipBot pretende hacer que los sitios web sean más personales e interactivos, ayudando a las empresas a diferenciarse de la competencia. El sitio web es fácil de usar y ofrece registro gratuito.

- * DESARROLLO, MEJORA DE SITIOS WORDPRESS
- **WPDeveloper**
- https://wpdeveloper.com/
-
- WPDeveloper es un sitio web que ofrece varios productos para ayudar a la gente a construir y mejorar sus sitios web de WordPress. Tienen productos como Essential Addons for Elementor, Templately y NotificationX, que proporcionan widgets, plantillas y soluciones de prueba social. El sitio web también ofrece BetterDocs, EasyJobs y ReviewX, que ayudan a crear una base de conocimientos, seleccionar a distancia y aumentar las ventas con reseñas y valoraciones multicriterio. WPDeveloper lleva más de 10 años en activo y cuenta con más de 5 millones de clientes satisfechos. Ofrecen actualizaciones continuas, precios flexibles y una asistencia amable. El sitio web también tiene un blog con noticias y tutoriales, y los usuarios pueden suscribirse para obtener recursos exclusivos de WordPress. En general, el objetivo de WPDeveloper es ofrecer productos de WordPress orientados al usuario, fáciles de usar y muy funcionales.

- *HOSTING WORDPRESS

- **Base del rayo**
- https://lightningbase.com/
-
- Lightning Base ofrece alojamiento gestionado de WordPress. Esto significa que se aseguran de que su sitio web WordPress funcione rápidamente y sin problemas. Utilizan servidores rápidos con procesadores modernos y almacenamiento seguro. También ofrecen ventajas como transferencias gratuitas de sitios, copias de seguridad y una red global de distribución de contenidos (CDN). Lightning Base es una buena opción para quienes se inician en WordPress, tienen un sitio web grande o alojan varios sitios web. Tienen planes desde 9,95 $ al mes y pueden gestionar hasta 10.

- *CREACIÓN, GESTIÓN DE SITIOS WEB

- **GoDaddy**
- https://godaddy.com/
-
- GoDaddy es una plataforma basada en IA que permite crear y gestionar sitios web de forma rápida e intuitiva. Con capacidades de diseño asistido y análisis de datos, GoDaddy permite crear sitios web profesionales y funcionales sin necesidad de conocimientos técnicos avanzados. Esta herramienta es especialmente útil para pequeñas empresas, profesionales de negocios y creadores de contenido que desean tener un sitio web de calidad y una sólida presencia en línea. Con GoDaddy, puedes crear un sitio web personalizado y optimizado para llegar a tu público y mejorar tu presencia digital.

- *CREACIÓN DE PÁGINAS WEB
- **10Web**
- https://10web.io/ai-website-builder/
-
- 10Web es una plataforma de creación y gestión de sitios web basada en WordPress. Los usuarios pueden utilizar plantillas predefinidas y herramientas de arrastrar y soltar para crear sitios web atractivos y con capacidad de respuesta sin necesidad de conocimientos de codificación. La plataforma también ofrece funciones avanzadas como alojamiento, SEO y optimización del rendimiento. Es una herramienta ideal para blogueros, emprendedores y propietarios de pequeñas empresas que deseen crear un sitio web profesional.

- *CONSTRUCCIÓN DEL SITIO WEB
- **Duradero**
- https://durable.co/
-
- Durable es un revolucionario creador de sitios web basado en inteligencia artificial que permite a los usuarios crear un sitio web corporativo completo con imágenes y contenidos llamativos en cuestión de segundos. Aprovechando el poder de la inteligencia artificial, Durable elimina las complejidades del desarrollo web, lo que permite a los usuarios centrarse en el mensaje de su marca y en su propuesta de valor única.

- *OPTIMIZACIÓN DEL SITIO WEB

- **Optimizador de páginas Pro**
- https://app.pageoptimizer.pro/
-
- Page Optimiser Pro es una herramienta para optimizar páginas web. Ayuda a los usuarios a optimizar el contenido de sus páginas para determinadas palabras clave y mejorar su clasificación en los resultados de búsqueda.

- *CREACIÓN DE PÁGINAS WEB

- **Carrd**
- https://carrd.co/
-
- Carrd es una herramienta de creación de sitios web sencilla y eficaz, ideal para quienes desean construir páginas web personalizadas sin necesidad de conocimientos de programación. Con una amplia gama de plantillas y opciones de personalización, Carrd permite a los usuarios crear sitios web profesionales y llamativos en pocos pasos. Es especialmente adecuado para crear páginas de aterrizaje, portafolios, páginas de contacto, etc. Carrd ofrece una experiencia de creación intuitiva y una amplia gama de funciones, lo que permite a los usuarios expresar su creatividad y crear sitios web de alta calidad.

- *DOMINIOS EXPIRADOS

- **Dominios expirados**
- https://expireddomains.net/
-

- Expired Domains es una IA que ofrece servicios de búsqueda y análisis de dominios expirados y a punto de expirar. Con Expired Domains, los usuarios pueden encontrar dominios caducados con un alto valor de ranking y tráfico, lo que les permite adquirir dominios de calidad para sus propios proyectos y sitios web. La herramienta utiliza algoritmos de inteligencia artificial para examinar el historial y las métricas de los dominios expirados, proporcionando información detallada sobre su autoridad y relevancia. Es especialmente útil para especialistas en SEO, webmasters y emprendedores digitales que deseen obtener una ventaja competitiva en el mercado online mediante la adquisición de dominios de alta calidad.

- *PERSONALIZACIÓN DEL SITIO WEB

- **Motín**
- https://mutinyhq.com/
-
- Mutiny es una IA de personalización de sitios web que permite a las empresas crear experiencias web personalizadas y relevantes para los visitantes. Con Mutiny, las empresas pueden utilizar algoritmos de inteligencia artificial para analizar el comportamiento de los visitantes y ofrecer contenidos, ofertas y mensajes específicos y personalizados para cada usuario. Es una potente herramienta para mejorar la experiencia del usuario y aumentar las conversiones del sitio web. Mutiny es perfecto para sitios de comercio electrónico, servicios financieros, noticias y otros sitios web que deseen ofrecer una navegación personalizada y atractiva a sus usuarios.

4.VENTAS,PLATAFORMAS FREELANCER

• *OPTIMIZACIÓN DE VENTAS

- **Klenty**
- https://www.klenty.com/
-
- Klenty es una plataforma de compromiso de ventas que ayuda a los equipos de ventas a automatizar su compromiso a través de múltiples canales, incluyendo correo electrónico, llamadas, Linkedin y mensajes de texto. La plataforma ofrece funciones como personalización, aceleración de CRM, cadencia de playbooks, automatización, venta basada en cuentas e informes y cuadros de mando. Klenty también se integra con varias plataformas, como Pipedrive, MS Dynamics, Hubspot, Zapier, Zoo, Slack, Salesforce e Hippo Video. Proporciona recursos como estudios de casos, un centro de productos, un blog, seminarios web y libros electrónicos gratuitos para ayudar a los equipos de ventas a mejorar su compromiso y mejorar sus habilidades de ventas. Klenty ofrece una versión de prueba gratuita sin necesidad de tarjeta de crédito, que permite a los usuarios experimentar todas las funciones con acceso ilimitado y enviar hasta 500 correos electrónicos al día. También presenta casos de éxito de clientes y próximas funciones como secuencias inteligentes, coaching de ventas en tiempo real y espacios de trabajo de ventas.

- *VENTA DE SITIOS WEB

- **Flippa**
- https://flippa.com/
-
- Flippa es una plataforma online de compraventa de sitios web, dominios y aplicaciones. Ayuda a los emprendedores a encontrar oportunidades de inversión en el mundo digital y ofrece un mercado de compraventa de negocios online. Es útil para aquellos que quieren iniciar un nuevo negocio en línea o vender una propiedad digital existente.

-

- *VENTA DE PRODUCTOS DIGITALES

- **Appsumo**
- https://appsumo.com/
-
- AppSumo vende productos digitales como software, cursos, plantillas y recursos creativos. Ofrecen ofertas de por vida en estos productos, lo que significa que los clientes pagan una vez y pueden utilizar el producto para siempre. Hay una sección en el sitio web llamada AskSumo, donde los clientes pueden solicitar ofertas de software y obtener un 10% de descuento en su primer pedido. Ofrecen una barra de búsqueda para ayudar a los clientes a encontrar los productos que les interesan. También tienen una sección llamada "What's Hot", que muestra productos populares en diferentes categorías, como atención al cliente, productividad y generación de contactos. AppSumo también ofrece una variedad de productos de IA que pueden ayudar a las empresas en todos los aspectos.

- *OPTIMIZACIÓN DE VENTAS, CLIENTES
- **Digitalift**
- https://digitalift.com/
-

- Digitalift ayuda a las empresas a conseguir más clientes gestionando sus reseñas en línea. Tener buenas opiniones es importante porque muchas personas las leen antes de decidirse por una empresa. El sistema de confianza y credibilidad de Digitalift ayuda a las empresas a obtener más opiniones enviando a los clientes un mensaje en el que se les pide que dejen una opinión. El sistema también realiza un seguimiento de la clasificación de la empresa en los motores de búsqueda y de las reseñas en línea para ayudarles a posicionarse mejor en Google. Gestionar las reseñas en línea puede ser difícil y llevar mucho tiempo, pero el sistema de Digitalift lo hace fácil y sin intervención manual en un 99%. Digitalift también ofrece funciones para proteger la reputación de la empresa y hacer un seguimiento de su crecimiento. El sitio web incluye testimonios de clientes satisfechos y ofrece un informe de reputación gratuito.
- En general, el objetivo de Digitalift es ayudar a las empresas a generar confianza y credibilidad para convertirse en la elección obvia de los clientes.

- *AUTOMATIZACIÓN DE LAS VENTAS
- **Snov**
- https://snov.io/
-

48

- Snov es una herramienta de automatización de ventas basada en inteligencia artificial. Gracias a la IA, Snov ayuda a simplificar el proceso de prospección y generación de clientes potenciales, lo que permite identificarlos y llegar a ellos de forma más eficiente.

  - *OPTIMIZACIÓN DE LAS VENTAS EN LÍNEA
    -

- **IA sin fisuras**
- https://login.seamless.ai/
-

- Seamless.AI es un software de inteligencia de ventas que ayuda a los vendedores a encontrar los mejores prospectos. Es un motor de búsqueda en tiempo real que utiliza varios puntos de datos e inteligencia artificial para escanear la web y encontrar información de contacto verificada. Ayuda a las empresas B2B a llegar a los clientes potenciales adecuados, cerrar más tratos y aumentar el volumen de negocio a gran escala. Seamless.AI es gratuito hasta 50 créditos, mientras que su plan básico cuesta 147 dólares al mes para un solo usuario. Se integra directamente en tus plataformas favoritas, como Salesforce, Hubspot, Outreach, Linkedin Sales Navigator y Salesloft. También cuenta con una extensión de Chrome que convierte tu navegador en una herramienta de prospección. La empresa ha aparecido en G2, LinkedIn y cuenta con testimonios de clientes y ganadores del President's Club que han generado millones de dólares en negocios de ventas.

  - * VENTA EN LÍNEA

- •

- **Forma mágica AI**
- https://www.magicform.ai/
- •

- MagicForm ofrece a las pequeñas empresas un agente de ventas premium basado en inteligencia artificial (IA). La IA está diseñada para convertir a los visitantes de un sitio web en clientes a través de un chat en directo 24/7. Funciona con GPT-4 y está disponible en más de 100 idiomas diferentes. Ofrecen un sencillo proceso de tres pasos para entrenar a la IA, que incluye responder a una serie de preguntas, cargar documentos y permitir que la IA analice el sitio web. La IA aprende continuamente de cada conversación y genera clientes potenciales valiosos que se envían al CRM 24 horas al día, 7 días a la semana. Ofrecen tres planes de precios: un plan básico gratuito, un plan Pro de 99 USD al mes y un plan Enterprise de 249 USD al mes. El sitio web también ofrece información sobre la empresa consultora, Startux X, y sus servicios. Incluyen testimonios de clientes y recursos como artículos y plantillas.

- *PLATAFORMA FREELANCER
- **Fiverr**
- https://fiverr.com/
- Fiverr es una plataforma online que conecta a autónomos y clientes, permitiendo a los usuarios encontrar y contratar profesionales para una amplia gama de servicios digitales. Con Fiverr, los usuarios pueden encontrar freelancers con experiencia en diseño, escritura, programación, marketing, traducción

y mucho más. La plataforma ofrece una amplia selección de profesionales con talento de todo el mundo, lo que permite a los usuarios encontrar al candidato perfecto para sus proyectos. Fiverr también ofrece herramientas integradas de comunicación y pago, haciendo que el proceso de colaboración sea sencillo y cómodo. Es una opción ideal para cualquiera que necesite servicios profesionales de alta calidad y quiera acceder a una fuente de talento global.

• *LEADS ON LINKEDIN

- **Sopa Dux**
- https://www.dux-soup.com
-
- Dux-Soup ayuda a los profesionales de ventas y marketing, agencias de generación de leads y propietarios de empresas a encontrar leads cualificados en Linkedin. La herramienta automatiza las campañas de captación, envía invitaciones de conexión, visualiza y aprueba perfiles y envía mensajes e InMail. También integra otras herramientas y permite estrategias multicanal y la gestión centralizada de prospectos. Ofrece estudios de casos y casos de éxito de usuarios que han logrado un crecimiento significativo de su canal de ventas y han ahorrado tiempo utilizando Dux-Soup. La herramienta es segura, sin necesidad de acceso de terceros, y mantiene todo el historial de actividad dentro de Linkedin. Ofrece una prueba gratuita de 14 días y múltiples planes de suscripción. También incluye recursos como un blog, seminarios web y un centro de ayuda. En general, Dux-Soup tiene como objetivo ayudar a los usuarios a hacer crecer su canal de ventas más rápido y acelerar

el crecimiento de su negocio mediante la búsqueda de nuevos clientes potenciales cualificados en Linkedin todos los días.

• *ADQUISICIÓN DE PLOMO

- **Recibir correos electrónicos**
- https://retention.com/get-a-demo/
-

- Get Emails es una herramienta de captación de clientes potenciales basada en inteligencia artificial. Esta herramienta ayuda a las empresas a encontrar y obtener información de contacto precisa de clientes potenciales. Mediante algoritmos avanzados, Get Emails busca e identifica los correos electrónicos de los principales responsables de la toma de decisiones dentro de las empresas, lo que ayuda a los usuarios a crear listas de contactos específicas para sus estrategias de marketing y ventas.

• *PLATAFORMA DE COMERCIO ELECTRÓNICO

- **Tienda Wizi**
- https://wizishop.com/
-

- Wizi shop es una plataforma de comercio electrónico basada en inteligencia artificial que permite a los usuarios crear y gestionar fácilmente su tienda online. Con Wizi shop, los usuarios pueden personalizar su tienda con diseños atractivos y funcionalidades avanzadas, sin necesidad de conocimientos técnicos. La herramienta también ofrece análisis de datos y herramientas de marketing para ayudar a los usuarios a controlar el rendimiento de la tienda y promocionar sus productos. Wizi shop es adecuada tanto para pequeñas empresas que desean crear una tienda en línea como para grandes compañías que quieren ampliar su presencia en Internet. Con su interfaz intuitiva y su potente funcionalidad, Wizi shop es una herramienta completa para el éxito del comercio electrónico.

5. AUDIO, MÚSICA, PODCASTS

• *COMPOSICIÓN MUSICAL

• **Aiva**

• https://aiva.ai/

•

• Aiva es una IA de composición musical que permite a los usuarios crear música original y personalizada de forma creativa y atractiva. Con Aiva, los usuarios pueden especificar el estilo, el estado de ánimo y los instrumentos deseados, y la herramienta utiliza algoritmos de inteligencia artificial para componer automáticamente piezas musicales originales basadas en las preferencias especificadas. Se trata de una experiencia musical única e interactiva que ofrece infinitas posibilidades creativas a compositores, músicos y amantes de la música. Aiva es perfecta para crear música para vídeos, películas, juegos y mucho más, permitiendo a los usuarios añadir una banda sonora personalizada y atractiva a sus proyectos.

- *AUDIO

- **Podcastle**
- https://podcastle.ai/
-

- Podcastle ofrece grabaciones con calidad de estudio, edición asistida por IA y exportación sin problemas para la creación de contenidos de audio y vídeo. La plataforma ofrece grabaciones multipista, transcripción de audio, herramientas de edición intuitivas, conversión de texto a voz y cancelación de ruido mediante IA. Podcasters, blogueros, periodistas, educadores, creadores de contenidos y profesionales del marketing pueden utilizar Podcastle para crear, editar y distribuir podcasts de calidad profesional con facilidad. La misión de la empresa es democratizar el acceso a la narración de historias a través de herramientas fáciles de usar que sean a la vez profesionales y entretenidas. La plataforma ofrece una versión gratuita con acceso a la mayoría de las funciones y no requiere datos de tarjeta de crédito. Podcastle también ofrece una versión de pago con funciones adicionales para los planes Storyteller, Pro o Enterprise. Incluye una sección de blog con artículos sobre edición y mejora de audio y una comunidad Discord para debates e interacciones con otros creadores.

- *EDICIÓN Y PRODUCCIÓN DE PODCASTS

- **Lanzar Magia**
- https://castmagic.io/
-

- Cast Magic es una herramienta de automatización para la producción de podcasts. Esta herramienta ofrece funciones rápidas y sencillas de grabación, edición y distribución de podcasts. Es útil para creadores de contenidos y podcasters que deseen simplificar el proceso de producción de sus podcasts y llegar a un público más amplio.

- *PODCAST

- **Podio**
- https://hello.podium.page/
-
- Podium es una plataforma de podcasting basada en IA que simplifica la producción y distribución de podcasts de alta calidad. Con Podium, los usuarios pueden grabar, editar y publicar sus episodios de podcast con facilidad, utilizando herramientas intuitivas y funciones de edición avanzadas. La herramienta también ofrece funciones de optimización del sonido que ayudan a mejorar la calidad del audio y garantizan una experiencia de escucha envolvente para los oyentes. Además, Podium proporciona herramientas de seguimiento y análisis del rendimiento de los podcasts, lo que permite a los usuarios evaluar la eficacia de sus contenidos y estrategias de marketing. Es una solución valiosa para creadores de contenidos, expertos del sector y profesionales del marketing que deseen utilizar el podcasting como herramienta de comunicación eficaz.

- *MÚSICA

- **Playlist AI**

- https://playlistai.app/
-
- Plavlist AI es una herramienta de inteligencia artificial que te ayuda a crear listas de reproducción de música personalizadas basadas en tus gustos musicales. Con la ayuda de sus avanzados algoritmos, Plavlist AI analiza tus preferencias musicales y crea automáticamente listas de reproducción con canciones y artistas que podrían interesarte. También puedes buscar listas de reproducción por género musical, estado de ánimo, actividad y mucho más. Plavlist AI es ideal para los amantes de la música que quieren descubrir nuevos temas y artistas acordes con sus gustos y preferencias. Es una herramienta divertida y útil para explorar nuevas listas de reproducción y descubrir música que realmente te gustará.

- *MÚSICA

- **Dibujo sonoro**
- https://soundraw.io/
-
- Soundraw es una herramienta que te permite dejar de buscar la canción perfecta para tus proyectos. Se trata de una biblioteca musical libre de derechos generada por inteligencia artificial que ofrece a los usuarios una amplia gama de pistas musicales para acompañar sus contenidos audiovisuales, ahorrando tiempo y recursos.

- *MÚSICA para ACTIVIDADES

- **Cerebro FM**
- https://brain.fm/

-
- Brain FM es una innovadora aplicación que utiliza música y efectos de sonido para mejorar la concentración, la meditación y el sueño. Basada en estudios científicos, Brain FM ofrece listas de reproducción personalizadas para aumentar la productividad y favorecer la relajación. Las listas de reproducción de Brain FM se crean mediante algoritmos avanzados que combinan música y efectos de sonido para crear una experiencia sonora única. Los usuarios pueden elegir entre distintas categorías de listas de reproducción, como "concentración", "relajación" y "sueño", y personalizar la duración de las sesiones para adaptarlas a sus necesidades. Brain FM es una gran solución para cualquiera que desee mejorar su productividad y bienestar escuchando música y sonidos específicos.

- *CREACIÓN MUSICAL
- **Audiostrip**
- https://audiostrip.co.uk/
-
- Audiostrip es una plataforma de creación musical basada en IA que permite componer y producir música de forma rápida e intuitiva. Con capacidades de composición asistida e inteligencia artificial, Audiostrip permite generar melodías, armonías y ritmos creativos, ofreciendo infinitas posibilidades para la creación musical. Esta herramienta es especialmente útil para músicos, productores y compositores que quieran explorar nuevas ideas musicales y crear pistas originales. Con Audiostrip, podrá conseguir resultados

musicales asombrosos e inspirar su creatividad musical.

• *MELODÍAS MUSICALES

• **Chirply**
• https://chirply.baelite.com/
•
• Chirply es una plataforma basada en IA para generar melodías musicales de forma rápida e intuitiva. Con capacidades de generación automática de melodías y análisis de datos, Chirply permite crear melodías originales y creativas para enriquecer la producción musical. Esta herramienta es especialmente útil para músicos, compositores y productores que quieran añadir nuevas ideas musicales a sus pistas. Con Chirply, podrá obtener melodías inspiradas e innovadoras, estimulando su creatividad musical y consiguiendo resultados sorprendentes.

• *MÚSICA DE CREACIÓN

• **Ritmo profundo**
• https://deepbeat.org/
•
• Deep Beat es una herramienta musical basada en inteligencia artificial que ofrece la posibilidad de crear música original y atractiva de forma sencilla e intuitiva. Con Deep Beat, los usuarios pueden componer pistas musicales utilizando una amplia gama de instrumentos, melodías y ritmos, y experimentar con diferentes combinaciones para conseguir el sonido deseado. Esta herramienta es ideal para músicos, compositores y productores que quieran explorar nuevas ideas

musicales y crear pistas únicas. Deep Beat utiliza algoritmos de inteligencia artificial para generar y sugerir combinaciones musicales, proporcionando inspiración y apoyo creativo. Con Deep Beat, la creación musical se convierte en una experiencia estimulante e innovadora, que ofrece infinitas posibilidades de exploración y experimentación.

- *CREACIÓN MUSICAL

- **Los bucles**
- https://theloops.io/
-

- The Loops es una aplicación de creación musical basada en inteligencia artificial. La IA de The Loops puede generar bases musicales y bucles de distintos géneros y estilos, proporcionando a los usuarios una gran variedad de opciones para crear su propia música. Es un recurso excelente para músicos y productores que quieran experimentar con nuevas ideas musicales.

- *BIBLIOTECA DE EFECTOS DE SONIDO

- **Zapsplat**
- https://zapsplat.com/
-

- Zapsplat es una biblioteca de efectos de sonido y música libres de derechos para proyectos de audio y vídeo. Con una gran colección de sonidos de alta calidad, los usuarios pueden encontrar fácilmente los efectos de sonido perfectos para enriquecer sus proyectos multimedia. Es una herramienta esencial para cineastas, editores de vídeo, podcasters y creadores de contenidos digitales.

• *ARCHIVO DE EFECTOS DE SONIDO

• **Sonidos de moda**

• https://trendingsounds.io/

•

• Trending Sounds es un repositorio de efectos de sonido y pistas de audio basado en inteligencia artificial. La IA de Trending Sounds clasifica y ofrece sugerencias de efectos de sonido y pistas de música basadas en las tendencias y preferencias de los usuarios. Es una herramienta útil para creadores de contenidos y productores de audio que buscan sonidos y pistas originales para enriquecer sus proyectos.

• *EDICIÓN DE AUDIO

• **Podcasts de Adobe**

• https://podcast.adobe.com/enhance/

•

• Adobe Podcast es una herramienta avanzada de edición de audio para la producción de podcasts. Esta herramienta ofrece funciones de edición y posproducción para mejorar la calidad del sonido. Es útil para podcasters y productores de contenidos de audio que busquen una herramienta profesional para la producción de podcasts.

• *PRODUCCIÓN, COMPOSICIÓN MUSICAL

• **Sonido**

- https://soundful.com/
-
- Soundful es una herramienta de producción y composición musical basada en inteligencia artificial. Ofrece herramientas para la creación musical y la generación de pistas originales. Es útil para músicos, compositores y productores que buscan nuevas formas de crear y experimentar con la música.

- *EDICIÓN DE AUDIO

- **Gling**
- https://gling.ai/
-
- Gling es una aplicación avanzada de edición de audio basada en inteligencia artificial. Con una amplia gama de funciones, Gling permite editar, mejorar y transformar archivos de audio con facilidad y precisión. Con Gling puedes eliminar ruidos de fondo no deseados, ecualizar el sonido, añadir efectos especiales y mucho más. Con su motor de inteligencia artificial, Gling te da pistas y consejos para optimizar el sonido de tus archivos de audio. Es una herramienta esencial para músicos, cineastas, podcasters y cualquiera que trabaje con audio digital.

- *CREACIÓN MUSICAL

- **Beatoven**
- https://beatoven.ai/
-
- Beatoven es una herramienta de composición musical basada en inteligencia artificial. Permite a los usuarios

crear y componer piezas musicales mediante algoritmos de aprendizaje automático. Con Beatoven, incluso quienes no tienen formación musical pueden crear melodías y arreglos originales. Es muy utilizada por músicos, compositores y productores para estimular la creatividad y experimentar con nuevos sonidos y estilos musicales.

- *CANTO

- **Freddie Maker**
- https://freddiemeter.withyoutube.com/
-
- Freddie Maker es una herramienta desarrollada por YouTube que permite a los usuarios crear vídeos cantados con Freddie Mercury, el famoso vocalista de Queen. Mediante inteligencia artificial, la aplicación permite a los usuarios sincronizar su voz con la de Freddie Mercury para cantar algunas de sus canciones más famosas. Es una forma divertida y creativa de cantar junto a una leyenda de la música.

- *MEZCLA DE AUDIO, PISTAS

- **Creador Mix**
- https://creatormix.com
-
- Creator Mix es una herramienta para crear mezclas de audio personalizadas utilizando una amplia biblioteca de sonidos y pistas musicales. Los usuarios pueden combinar y editar distintos elementos de audio para crear pistas únicas y originales.

- *SÍNTESIS VOCAL, CREACIÓN DE CANCIONES

- **Vocaloid**
- https://vocaloid.com/en/
-
- Vocaloid es un software de síntesis de voz que permite a los usuarios crear canciones y melodías con voces sintetizadas. Los usuarios pueden componer sus propias pistas musicales y utilizar las voces creadas por el software para cantar las partes vocales. Es una herramienta ideal para músicos, compositores y productores que quieran añadir voces únicas a sus producciones musicales.

- *EDICIÓN DE AUDIO

- **Audioshake**
- https://indie.audioshake.ai/
-
- Audioshake es una herramienta de edición de audio que permite a los usuarios editar y mejorar archivos de audio. Los usuarios pueden cortar, unir, añadir efectos y optimizar el sonido de sus archivos de audio. Es una herramienta útil para podcasters, músicos y creadores de contenidos de audio que quieran crear grabaciones profesionales de alta calidad.

- *SONIDOS, MUESTRAS MUSICALES

- **Muestrario**
- https://sampler.io/
-
- Sampler es una herramienta de muestreo basada en inteligencia artificial que te permite crear sonidos musicales y muestras de forma rápida e intuitiva. Con

funciones de muestreo automático e inteligencia artificial, Sampler te permite capturar y crear sonidos únicos y originales para enriquecer tu producción musical. Esta herramienta es especialmente útil para músicos, productores y compositores que quieran experimentar con nuevos sonidos y crear pistas innovadoras. Con Sampler, puedes obtener sonidos personalizados de alta calidad para enriquecer tu creatividad musical.

- *CREACIÓN MUSICAL

- **Incredibox**
- https://incredibox.com/
-
- Incredibox es una IA musical interactiva que permite a los usuarios crear música de forma creativa y atractiva. Con Incredibox, los usuarios pueden componer música utilizando una selección de voces, ritmos, melodías y efectos de sonido, combinándolos para crear una mezcla única y personalizada. La herramienta utiliza algoritmos de inteligencia artificial para sincronizar automáticamente los sonidos y garantizar que la música producida sea armoniosa y agradable de escuchar. Es una experiencia musical interactiva que ofrece diversión e inspiración tanto a principiantes como a músicos experimentados.

- *BUSCADOR DE PODCASTS

- **Escuchar Notas**
- https://listennotes.com
-

- Listen Notes es un buscador de podcasts que permite a los usuarios encontrar y descubrir miles de podcasts sobre diversos temas. Con una gran colección de episodios y la posibilidad de buscar por palabras clave, Listen Notes es una valiosa herramienta para los amantes de los podcasts que quieran explorar y escuchar nuevos contenidos.

- *EMISORAS DE RADIO EN EL MUNDO

- **Jardín radiofónico**
- https://radio.garden/
-
- Radio Garden es una aplicación basada en IA que permite a los usuarios explorar emisoras de radio de todo el mundo de forma sencilla e intuitiva. Con capacidades de búsqueda y análisis de datos, Radio Garden permite a los usuarios descubrir y escuchar emisoras de radio de todo el mundo, ofreciendo una amplia gama de contenidos musicales, informativos y de entretenimiento. Esta herramienta es perfecta para los amantes de la música y la cultura de todo el mundo que quieran explorar nuevos sonidos y descubrir emisoras de radio únicas e interesantes. Con Radio Garden, puedes viajar a través de las frecuencias de radio y sumergirte en una gran variedad de culturas musicales.

- *PRODUCCIÓN DE AUDIO

- **Audiolab**
- https://audialab.com/
- Audiolab es una IA de producción de audio que permite a los usuarios crear y editar pistas de audio de

forma rápida y creativa. Con Audiolab, los usuarios pueden grabar, cortar, mezclar y aplicar efectos a las pistas de audio. La herramienta utiliza algoritmos de inteligencia artificial para mejorar la calidad del audio y proporcionar una experiencia de producción de audio profesional. Es perfecta para músicos, productores y creadores de contenidos de audio que quieran conseguir un sonido de alta calidad sin tener que utilizar herramientas complicadas ni ser expertos en producción musical. Audiolab ofrece una amplia gama de funciones y herramientas para crear y personalizar pistas de audio de forma fácil y atractiva.

- *ELIMINACIÓN DEL RUIDO DE FONDO
- **Krisp**
- https://krisp.ai/
-
- Krisp es una aplicación basada en inteligencia artificial que te ayuda a eliminar el ruido de fondo durante las llamadas de voz y vídeo. Gracias a sus sofisticados algoritmos de cancelación de ruido, Krisp te permite mantener conversaciones claras y sin distracciones, incluso en entornos ruidosos. Puede utilizar Krisp con plataformas de comunicación como Zoom, Microsoft Teams y Skype, entre otras. Con Krisp, puede mejorar la calidad de sus llamadas, reducir las distracciones durante las reuniones en línea y mejorar su experiencia de comunicación remota.

6. GRÁFICOS, CREATIVIDAD, ARTE, LOGOTIPOS

• *DISEÑO, GRÁFICOS

• **Canva**

• https://www.canva.com/

•

• Canva es una plataforma de diseño en línea que facilita más que nunca la creación de bellas imágenes para empresas y particulares. Con herramientas fáciles de usar, una biblioteca de plantillas predefinidas y millones de imágenes libres de derechos, crear desde logotipos personalizados hasta presentaciones impresionantes es muy fácil. Empieza gratis hoy mismo y descubre el poder del diseño.

• *CREACIÓN DE LOGOTIPOS

• **LogoWise**

• https://logowise.ai/

•

• LogoWise es una herramienta de diseño de logotipos basada en inteligencia artificial que ayuda a las empresas a crear logotipos únicos y reconocibles. Con capacidades de generación de diseños, LogoWise ofrece opciones de personalización y estilos creativos para dar forma a la identidad visual de una marca. Esta herramienta es adorada por emprendedores, start-ups y pequeñas empresas que quieren crear un logotipo profesional sin tener que contratar a un diseñador gráfico.

• *ELIMINACIÓN DE FONDO PNG

- **Limpiar PNG**
- https://innerbody.com/
-
- Clean PNG es una AI de edición de imágenes que ofrece servicios de eliminación y limpieza de fondo para imágenes en formato PNG. Con Clean PNG, los usuarios pueden eliminar el fondo de sus imágenes y obtener imágenes con fondo transparente, ideales para su integración en proyectos gráficos y de diseño. La herramienta utiliza algoritmos de inteligencia artificial para reconocer y aislar objetos en las imágenes, garantizando un resultado preciso y de alta calidad. Además, Clean PNG ofrece funciones de recorte, ajuste del color y del tamaño de la imagen, lo que permite a los usuarios personalizar y afinar sus creaciones gráficas. Es una herramienta indispensable para diseñadores, webmasters y profesionales del sector que deseen obtener imágenes de alta calidad y sin fondo para sus proyectos.

- *ANIMACIÓN DE IMÁGENES

- **Ebsynth**
- https://ebsynth.com/
-
- Ebsynth es una IA de animación que permite a los usuarios transformar imágenes estáticas en animaciones fluidas y dinámicas. Con Ebsynth, los usuarios pueden subir una imagen y la herramienta utiliza algoritmos de inteligencia artificial para aplicar efectos de movimiento y animación, creando una imagen que parece cobrar vida. Se trata de una tecnología innovadora que ofrece nuevas posibilidades

creativas a diseñadores, artistas y animadores. La herramienta es perfecta para crear animaciones divertidas y llamativas para proyectos digitales, vídeos, presentaciones y mucho más.

- *IDENTIDAD DE MARCA

- **Mira**
- https://looka.com/
-
- Looka ayuda a la gente a crear un logotipo y una marca para su negocio. Utiliza inteligencia artificial para facilitar a cualquiera la creación de un logotipo profesional y único. El sitio web también proporciona herramientas para crear tarjetas de visita, perfiles en redes sociales, firmas de correo electrónico y otros materiales de marketing con la marca de la empresa. Looka también ofrece recursos útiles, como artículos de blog, ideas para logotipos y orientación sobre cómo utilizar las redes sociales para los negocios. Por último, ofrecen un equipo de atención al cliente para cualquier duda o ayuda sobre el uso del sitio web.

- *TRANSFORMA LAS SOMBRAS EN ARTE

- **Arte en la sombra**
- https://shadowart.withgoogle.com/
-
- Shadow Art es una herramienta creativa desarrollada por Google que permite transformar una simple sombra en una obra de arte única. Utilizando la cámara del dispositivo, esta herramienta permite capturar sombras interesantes y convertirlas en dibujos

originales. Es útil para quienes aman el arte y quieren experimentar con nuevas formas de expresión.

• *CREACIÓN DE LOGOTIPOS

- **Hacer Logo AI**
- https://makelogo.ai/
-

- Make Logo AI es una herramienta de inteligencia artificial dedicada a la creación de logotipos corporativos de alta calidad. Los usuarios pueden utilizar Make Logo AI para crear logotipos únicos y profesionales para sus empresas, proyectos o marcas personales. Con una amplia biblioteca de elementos gráficos, colores y fuentes, esta herramienta ofrece infinitas posibilidades creativas para diseñar el logotipo perfecto que mejor represente la identidad y los valores de una empresa. Make Logo AI es una herramienta intuitiva y fácil de usar, adecuada tanto para profesionales del diseño como para usuarios menos experimentados que deseen crear logotipos llamativos en unos sencillos pasos.

• *ICONOS DE BIBLIOTECA, SÍMBOLOS

- **Proyecto sustantivo**
- https://thenounproject.com/
-

- Noun Project es una amplia biblioteca de iconos y símbolos de dominio público disponibles para su descarga. Con más de 3 millones de iconos creados por creadores de todo el mundo, Noun Project ofrece una rica colección de imágenes vectoriales para una amplia gama de categorías y temas. Los usuarios pueden utilizar estos iconos para enriquecer sus proyectos creativos, presentaciones, sitios web, documentos y mucho más. Cada icono viene con una licencia Creative Commons, que permite utilizar los iconos gratuitamente siempre que se cite al autor. Además, Noun Project también ofrece una suscripción premium que permite descargar iconos de alta resolución sin atribución, así como funciones avanzadas de búsqueda y gestión de colecciones.

- *PLATAFORMA DE ARTE

- **Centro de Arte**
- https://arthub.ai/
-
- Art Hub es una plataforma en línea dedicada a artistas de todas las disciplinas. Permite a los artistas mostrar su trabajo, compartir sus creaciones y conectar con una gran comunidad de entusiastas del arte. La plataforma ofrece un espacio interactivo para descubrir nuevos talentos, intercambiar ideas y recibir comentarios constructivos. Art Hub es un lugar donde los artistas pueden encontrar inspiración, mostrar su talento y conectar con otras mentes creativas. Con una amplia gama de obras de arte, estilos y medios, Art Hub es un destino ideal para los amantes del arte y los artistas emergentes que buscan visibilidad y apoyo.

- *GENERADOR DE DIBUJOS

- **Dibujo rápido**
- https://quickdraw.withgoogle.com/
-

- Quick Draw es un juego online desarrollado por Google que utiliza inteligencia artificial para reconocer y adivinar los bocetos creados por los usuarios. El juego ofrece una serie de objetos y retos en los que los usuarios dibujan rápidamente el objeto solicitado y el sistema intenta adivinar de qué se trata. Es una forma divertida de interactuar con la inteligencia artificial y experimentar con el reconocimiento de imágenes.

- *CREACIÓN DE PERSONAJES

- **Mi personaje**
- https://mycharacter.ai/
-

- My Character es una herramienta de generación de personajes basada en inteligencia artificial. Esta herramienta permite crear personajes únicos y personalizados para historias, juegos y proyectos creativos. Es útil para escritores, diseñadores de juegos y creadores de contenidos que quieran añadir personajes originales a sus obras.

- *IDENTIFICACIÓN DE LA FUENTE y COLORES

- **Cazador de píxeles**
- https://pixelhunter.io/
-

- Pixel Hunter es una herramienta esencial para diseñadores y creativos que desean identificar fácilmente los tipos de letra y los colores utilizados en las imágenes. Con sólo subir una imagen, Pixel Hunter proporcionará información detallada sobre el diseño, simplificando el proceso de inspiración y creación de contenidos visualmente atractivos. Con una amplia biblioteca de imágenes y gráficos en línea, Pixel Hunter ofrece a los usuarios la oportunidad de explorar nuevas fuentes de inspiración y obtener detalles precisos para enriquecer sus diseños. Es una valiosa herramienta para identificar elementos de diseño únicos y mejorar la calidad de las producciones creativas.

- *MANIPULACIÓN DE IMÁGENES

- **Agua**
- https://drinkwater.ai/
-
- Water es una IA de manipulación de imágenes que permite a los usuarios crear efectos realistas de reflejos de agua en las imágenes. Con Water, los usuarios pueden subir una imagen y la herramienta utiliza algoritmos de inteligencia artificial para aplicar efectos de reflexión y ondulación, dando la impresión de que la imagen se refleja en una superficie de agua. Es una herramienta perfecta para diseñadores, fotógrafos y artistas que quieran añadir un toque de magia y realismo a sus imágenes. Water es una solución innovadora para crear imágenes cautivadoras y atractivas para proyectos digitales, publicidad, marketing y mucho más.

- *GENERACIÓN DE NOMBRES DE MARCAS Y EMPRESAS

- **Namesnack**
- https://namesnack.co
-

- Namesnack es una herramienta de generación de nombres de empresa basada en inteligencia artificial. Esta herramienta ofrece sugerencias creativas y originales para nombres de marcas y empresas, ayudando a los empresarios a encontrar el nombre perfecto para su negocio. Es útil para quienes están empezando una empresa o marca y buscan un nombre único y memorable que destaque entre la competencia.

- *GENERADOR DE IMÁGENES

- **Freeimage AI**
- https://freeimage.ai/
-
- Freeimage AI es una herramienta que utiliza la inteligencia artificial para generar imágenes y gráficos creativos de forma rápida y gratuita. Con Freeimage AI, los usuarios pueden obtener contenidos visuales de alta calidad para enriquecer sus proyectos creativos.

- *CREADOR DE AVATARES

- **Persona irreal**
- https://unrealperson.com/
-
- Unreal Person es una herramienta que utiliza IA para crear personajes y avatares virtuales realistas. Los usuarios pueden personalizar los aspectos físicos y de carácter de los personajes y utilizarlos en proyectos de realidad virtual, juegos y otras aplicaciones.

- *CREADOR DE AVATARES PERSONALIZADOS

- **Abrir Peeps**
- https://openpeeps.com
-
- Open Peeps es una herramienta para crear avatares y diseños de personajes personalizados, ideal para diseñadores y creadores que quieran añadir elementos visuales únicos a sus proyectos.

- *LIBROS GRÁFICOS

- **Adazing**
- https://adazing.com/cover-mocks/
-
- Adazing es una completa herramienta para crear portadas y gráficos para la promoción de libros. Con una amplia colección de plantillas, gráficos y fuentes predefinidos, los autores y editores pueden crear fácilmente portadas profesionales para sus libros, folletos y material promocional. Adazing es una herramienta indispensable para cualquiera que desee crear una fuerte identidad visual para su obra literaria.

-

- *LOGHIZER

- **Texto fresco**
- https://cooltext.com/
-
- Cool Text es un generador de logotipos en línea que ofrece una amplia gama de estilos de texto y gráficos para crear logotipos llamativos. Los usuarios pueden personalizar fácilmente el texto, la fuente, el color y los efectos del logotipo, consiguiendo un diseño único y profesional en unos pocos clics. Esta herramienta es

ideal para empresarios, blogueros y propietarios de sitios web que deseen crear un logotipo de alta calidad sin tener que recurrir a costosos servicios de diseño gráfico.

• *ARTS

- **Dado Roll Art**
- https://roll-art-die.com/
-
- Roll Art Die es una aplicación basada en inteligencia artificial que permite a los usuarios generar automáticamente obras de arte únicas utilizando el algoritmo "lanzar el dado". Los usuarios pueden seleccionar el tipo de arte que desean crear, como dibujos abstractos, paisajes, retratos, etc., y luego dejar que el algoritmo genere aleatoriamente las características de la obra. Este proceso aleatorio y creativo puede dar lugar a resultados sorprendentes y originales, ofreciendo a artistas y creativos nuevas perspectivas e ideas para sus obras. Roll Art Die es una experiencia artística divertida e innovadora que muestra el potencial de la inteligencia artificial en el campo del arte y la creatividad.

• *ARTS

- **Laboratorios latentes**
- https://latentlabs.art/
-
- Latent labs es una innovadora herramienta de creación artística basada en inteligencia artificial. Con una amplia gama de opciones creativas, los usuarios pueden experimentar y generar obras de arte únicas e

inspiradoras, utilizando algoritmos avanzados para explorar nuevas posibilidades expresivas.

• *CREACIÓN DE MEMES, IMÁGENES

• **Meme Morph**
• https://mememorph.com/
•
• Meme Morph es una herramienta creativa basada en inteligencia artificial para crear memes únicos y divertidos. La herramienta ofrece funciones de edición y combinación de imágenes para crear memes personalizados y virales. Es un valioso aliado para creadores de contenidos, influencers y gestores de redes sociales que quieran crear contenidos visuales atractivos y que marquen tendencia.

• * ELIMINACIÓN DE MARCAS DE AGUA

• **Eliminador de marcas de agua**
• https://watermarkremover.io/
•
• Watermark Remover es una herramienta para eliminar marcas de agua de imágenes. Esta herramienta facilita la eliminación de marcas de agua de fotos e imágenes. Es útil para fotógrafos y diseñadores que desean utilizar imágenes sin marcas de agua en sus proyectos.

• *CREACIÓN DE PERSONAJES

• **Riku**
• https://riku.ai/
•

- Riku es una innovadora herramienta de creación de personajes basada en inteligencia artificial. Con Riku, los usuarios pueden crear personajes virtuales detallados y realistas con facilidad. La herramienta utiliza algoritmos de aprendizaje profundo para generar rasgos, expresiones faciales, ropa y mucho más para los personajes, permitiendo a los usuarios personalizar cada aspecto según sus preferencias. Riku se utiliza ampliamente en la industria de los juegos, la animación, la producción de contenidos digitales y la creación de avatares personalizados. Con Riku, puedes dar vida a tus personajes y hacer que tus historias y proyectos sean más atractivos y atrayentes.

- *CREAR GALERÍAS DE ARTE VIRTUALES

- **Galería NYX**
- https://nyx.gallery/
-

- NYX Gallery es una innovadora plataforma de inteligencia artificial que permite a los usuarios crear galerías de arte virtuales interactivas. Los artistas y creadores pueden subir sus obras de arte y organizarlas en exposiciones virtuales, lo que permite a los espectadores explorar las obras en un entorno virtual inmersivo. NYX Gallery también ofrece funciones de análisis de datos para ayudar a los artistas a comprender mejor la interacción del público con sus obras y obtener información valiosa para mejorar su práctica artística.

-

- *CREACIÓN DE MUNDOS VIRTUALES

- **En el mundo**

- https://inworld.ai/
-
- InWorld es una revolucionaria herramienta de inteligencia artificial que permite a los usuarios crear mundos virtuales 3D interactivos. Con InWorld, los usuarios pueden diseñar escenarios, personajes, objetos y entornos virtuales, lo que les permite explorar e interactuar con el mundo creado. Esta herramienta es ideal para diseñadores de juegos, desarrolladores de realidad virtual y creativos que quieran crear experiencias inmersivas y atractivas para su público.

- *GRÁFICOS, GENERACIÓN DE PATRONES

- **Hexagrama**
- https://hexagram.io/
-
- Hexagram es una herramienta de generación y diseño de patrones basada en algoritmos de inteligencia artificial. Con Hexagram, los usuarios pueden crear fácilmente diseños únicos y llamativos utilizando patrones generados automáticamente. Esta herramienta es ideal para diseñadores, artistas y creativos que quieran dar un toque único a sus diseños y creaciones. Con Hexagram, puedes explorar una amplia gama de plantillas y estilos, personalizar colores y tamaños, y conseguir resultados asombrosos en unos sencillos pasos. Tanto si crea gráficos para redes sociales, presentaciones, sitios web u otros, Hexagram le ofrece infinitas posibilidades creativas.

- *GRÁFICO

- **Sauce azul**

- https://bluewillow.ai/
-
- Blue Willow es una herramienta de diseño de imágenes que le ayuda a crear gráficos llamativos y de alta calidad para sus proyectos. Puede utilizar Blue Willow para crear imágenes para redes sociales, blogs, presentaciones y mucho más. Con su amplia biblioteca de plantillas, iconos y gráficos, puedes personalizar fácilmente tus imágenes con texto, colores y estilos únicos. Blue Willow también ofrece funciones de edición de fotos, como filtros, efectos especiales y herramientas de recorte y cambio de tamaño para obtener resultados perfectos. Es una herramienta ideal para diseñadores, vendedores, blogueros y profesionales creativos que quieran crear imágenes llamativas y atractivas para sus proyectos.

- *CREADOR DE MINIATURAS

- **AI en miniatura**
- https://thumbnail-ai.ybouane.com/
-
- Thumbnail AI es una herramienta que utiliza IA para crear miniaturas llamativas para vídeos en línea. Los usuarios pueden subir una imagen o un fotograma del vídeo y la IA generará automáticamente miniaturas optimizadas para atraer la atención de los espectadores.

- *GRÁFICOS, DISEÑO

- **CreAItor**
- https://creaitor.ai/

-
- CreAItor es una plataforma de inteligencia artificial que permite a los usuarios crear fácilmente contenidos visuales atractivos y de alta calidad. Con CreAItor, los usuarios pueden utilizar el potente motor de IA para generar diseños gráficos, imágenes, logotipos y mucho más. La plataforma ofrece una amplia selección de plantillas predefinidas y una biblioteca de gráficos, iconos y fuentes que se pueden personalizar fácilmente arrastrando y soltando. Los usuarios pueden añadir texto, filtros, efectos y mucho más para crear contenidos únicos y distintivos para su marca o proyecto. CreAItor es ideal para vendedores, creadores de contenidos y emprendedores que deseen crear elementos visuales llamativos y profesionales sin tener que utilizar complejos programas de diseño gráfico.

- *GRÁFICO

- **En forma de**
- https://shaped.ai/
-
- Shaped es una herramienta de diseño gráfico basada en inteligencia artificial que te ayuda a crear gráficos llamativos y originales para tus proyectos. Puedes utilizar Shaped para crear logotipos, gráficos para redes sociales, banners, folletos y mucho más. Con su potente motor de inteligencia artificial, Shaped ofrece sugerencias y asistencia durante el proceso de diseño, permitiéndote crear gráficos de alta calidad incluso si no tienes experiencia en diseño. Puedes elegir entre una amplia gama de plantillas predefinidas o crear tu propio diseño desde cero. Shaped es una herramienta esencial para diseñadores, vendedores, empresarios y

profesionales creativos que quieran crear gráficos impactantes para sus proyectos.

- *ANIMACIONES GIF

- **Carrera GIF**
- https://gifrun.com/
-
- GIF Run es una plataforma basada en IA que permite crear animaciones y GIF de forma rápida y entretenida. Con funciones de creación automática de animaciones y análisis de datos, GIF Run permite crear animaciones originales y creativas para enriquecer tus creaciones digitales. Esta herramienta es especialmente útil para diseñadores, creadores de contenidos y profesionales del marketing que quieran añadir movimiento y dinamismo a sus proyectos. Con GIF Run, puedes obtener animaciones personalizadas de alta calidad para captar la atención de tu audiencia y hacer que tus contenidos sean más atractivos.

- *FONTS

- **Fuentes urbanas**
- https://urbanfonts.com/
-
- Urban Fonts es una plataforma basada en IA que permite a los usuarios explorar y descubrir una amplia gama de tipos de letra y fuentes para proyectos de diseño. Con funciones
- búsqueda avanzada y análisis de datos, Urban Fonts facilita la búsqueda de los tipos de letra más adecuados para sus necesidades y estilo de diseño.

Esta herramienta es especialmente útil para diseñadores, creativos y profesionales del sector que desean acceder a una gran colección de fuentes para enriquecer sus proyectos de diseño. Con Urban Fonts, puedes explorar un mundo de tipos de letra creativos y encontrar la solución perfecta para tus proyectos de diseño.

• *GRÁFICOS, DISEÑO

• **Asistente de diseño**
• https://designwizard.com/
•
• Design Wizard es una herramienta basada en IA que le permite crear gráficos y diseños profesionales de forma rápida e intuitiva. Con funciones de diseño asistido y análisis de datos, Design Wizard le permite conseguir diseños de alta calidad personalizados según sus necesidades. Esta herramienta es especialmente útil para diseñadores, creadores de contenidos y profesionales del marketing que deseen crear gráficos llamativos y atractivos sin necesidad de tener conocimientos avanzados de diseño. Con Design Wizard, podrá conseguir diseños de alta calidad y mejorar su presencia visual online y offline.

• *DISEÑO

• **Dribbble**
• https://dribbble.com/
•
• Dribbble es una conocida plataforma de diseño y creatividad en línea con una gran comunidad de artistas, diseñadores y creativos de todo el mundo. Los

usuarios pueden exponer sus obras originales, compartir proyectos y encontrar inspiración para nuevas ideas. Dribbble es una ventanilla única para descubrir tendencias e innovaciones en diseño, con una amplia gama de categorías, como diseño gráfico, diseño web, ilustración y mucho más. Los usuarios pueden interactuar con la comunidad, aportando opiniones, comentarios y "me gusta" a los trabajos compartidos. Es una plataforma esencial para cualquier persona interesada en el mundo del diseño y que desee conectar con otros profesionales creativos.

- *GRÁFICOS, DISEÑO

- **Designify**
- https://designify.com/
-
- Designify es una IA de diseño gráfico que permite a los usuarios crear gráficos y diseños llamativos de forma rápida y sencilla. Con Designify, los usuarios pueden elegir entre una amplia gama de plantillas y estilos gráficos, y la herramienta utiliza algoritmos de inteligencia artificial para adaptar automáticamente el diseño a las preferencias y la marca del usuario. Es una herramienta ideal para creadores de contenidos, profesionales del marketing y del diseño que quieran crear gráficos de alta calidad sin tener que ser un experto en gráficos. Designify ofrece una experiencia de diseño intuitiva y fácil de usar, haciendo que la creación de gráficos sea pan comido incluso para los principiantes.

- *ARTE, GRÁFICOS

- **En el Picasso**

- https://aipicasso.app/
-
- AI Picasso es una IA de generación de arte que permite a los usuarios crear digitalmente obras de arte únicas y creativas. Con AI Picasso, los usuarios pueden experimentar con diferentes estilos artísticos, colores y técnicas de pintura, y la herramienta utiliza algoritmos de inteligencia artificial para transformar sus dibujos e imágenes en asombrosas obras de arte. Es una herramienta ideal para artistas, diseñadores y creativos que deseen explorar nuevas formas de expresar su creatividad y conseguir resultados artísticos únicos. AI Picasso ofrece una experiencia de pintura digital intuitiva y envolvente, haciendo que el arte digital sea accesible e inspirador para todos.

- *ARTS

- **Lexica**
- https://lexica.art/
-
- Lexica es una herramienta de generación de arte basada en inteligencia artificial. Esta herramienta crea obras de arte únicas utilizando técnicas de aprendizaje automático. Es útil para artistas y creativos que buscan nuevas formas de expresión e inspiración para sus obras.

- *ARTS

- **Artsy**
- https://artssy.co/
-

- Artssy es una herramienta de creación artística basada en inteligencia artificial. Permite a artistas y creativos generar obras de arte únicas y originales utilizando algoritmos de aprendizaje automático. Con Artssy, los usuarios pueden explorar nuevas técnicas y estilos artísticos, experimentar con colores y formas y conseguir resultados sorprendentes. Es una gran herramienta para estimular la creatividad y descubrir nuevas formas de expresión artística.

- *GRÁFICO

- **Obtener Luna**
- https://getluna.dev/
-

- Get Luna es una herramienta de diseño gráfico basada en inteligencia artificial que ofrece una amplia gama de plantillas y herramientas para crear gráficos llamativos y diseños originales. Es ideal para creadores de contenidos, diseñadores y profesionales del marketing que deseen crear imágenes y gráficos de alta calidad de forma rápida y sencilla.

- *CREACIÓN DE ILUSTRACIONES, DIBUJOS DIGITALES

- **Illustroke**
- https://illustroke.com/
-

- Illustroke es una herramienta creativa basada en inteligencia artificial para crear ilustraciones y dibujos digitales. Esta herramienta ofrece funcionalidades avanzadas para la creación de arte digital e ilustraciones personalizadas. Es especialmente útil para ilustradores, diseñadores y artistas que desean expresar su creatividad y crear obras de arte originales.

- *CREAR CARICATURAS
- **Caricaturer.io**
- https://caricaturer.io/
-
- Caricaturer.io es una herramienta de creación de caricaturas basada en inteligencia artificial. Esta herramienta permite a los usuarios convertir fotografías en divertidas caricaturas de forma rápida y sencilla. Es útil para artistas, diseñadores y aficionados a la fotografía que deseen añadir un toque de humor y creatividad a sus imágenes.

- *ELIMINACIÓN DE FONDO DE IMAGEN
- **bgsub**
- https://bgsub.com/webapp/
-
- bgsub es una aplicación web que utiliza IA para eliminar el fondo de imágenes y fotografías automáticamente. Esta herramienta permite crear imágenes con fondos transparentes en unos pocos clics, lo que facilita la integración de imágenes en proyectos gráficos o diseños.

- *FOTO A DIBUJO ANIMADO
- **Imagen a dibujo animado**
- https://imagetocartoon.com/
-

- Image to Cartoon es una herramienta que convierte fotografías en divertidos dibujos animados. Esta herramienta ofrece una gran variedad de estilos de dibujos animados para personalizar las imágenes. Es útil para quienes desean crear imágenes únicas y creativas con fines de entretenimiento o marketing.

-

  - *CREACIÓN DE PRESENTACIONES DE DISEÑO
- **Impresionante**
- https://stunning.so/

-

- Stunning es una herramienta que permite crear atractivas presentaciones, documentos y diseños de forma rápida y sencilla. Esta herramienta ofrece una amplia gama de plantillas y diseños personalizables. Es útil para profesionales y estudiantes que deseen crear contenidos visualmente atractivos.

  - *ICONOS VECTORES
- **Iconos8**
- https://icons8.com/

-

- Icons8 es una plataforma que ofrece una gran colección de iconos vectoriales para proyectos de diseño. Esta herramienta proporciona iconos de alta calidad en varios estilos y formatos. Es útil para diseñadores, desarrolladores y creativos que deseen enriquecer sus proyectos con iconos llamativos.

-

  - *MOTOR DE BÚSQUEDA DE IMÁGENES VECTORIALES

- **Vector Wiki**
- https://vectorwiki.com/
-
- Vector Wiki es un motor de búsqueda de imágenes vectoriales. Esta herramienta facilita la búsqueda y descarga de imágenes vectoriales gratuitas. Es útil para diseñadores y planificadores que necesitan recursos gráficos de calidad para sus proyectos.

- *CREACIÓN DE LOGOTIPOS

- **Kartiv**
- https://kartiv.com/
-
- Kartiv es una herramienta para crear logotipos y diseños de empresa personalizados. Esta herramienta ofrece plantillas de logotipos y herramientas de personalización. Es útil para emprendedores y empresas que quieren crear una imagen de marca reconocible y profesional.

- *AVATAR, IMÁGENES DE PERFIL

- **Nueva foto de perfil**
- https://newprofilepic.com/
-
- New Profile Pic es una herramienta que ofrece un amplio archivo de avatares e imágenes de perfil para su uso en plataformas en línea y redes sociales. Los usuarios pueden elegir entre una amplia gama de avatares personalizables para representarse en línea de forma creativa y única.

• *DISEÑO, GRÁFICOS

• **Difusión de garabatos**

• https://scribblediffusion.com/

•

• Scribble Diffusion es una herramienta basada en IA que ofrece efectos de dibujo y trazos dinámicos para imágenes. Los usuarios pueden transformar sus imágenes estáticas en obras de arte animadas añadiendo efectos de movimiento y trazos a mano alzada.

• *CREACIÓN DE LOGOTIPOS

• **Diseño Evo**

• https://designevo.com/

•

• DesignEvo es una aplicación de diseño de logotipos en línea que permite a los usuarios crear logotipos personalizados de forma rápida y sencilla. Con DesignEvo no se requieren conocimientos de diseño gráfico; la plataforma ofrece una amplia selección de plantillas de logotipos predefinidas y una extensa biblioteca de iconos, fuentes y formas para crear logotipos llamativos y profesionales. Los usuarios pueden personalizar completamente los logotipos según sus necesidades cambiando colores, tamaños y estilos. Además, DesignEvo ofrece una función de vista previa en tiempo real que permite a los usuarios visualizar cómo quedará el logotipo en distintos materiales, como membretes, camisetas o páginas web. Con DesignEvo, crear un logotipo distintivo para tu marca o proyecto es fácil y asequible.

• *DISEÑO, GRÁFICOS

- **Necesita**
- https://uneed.best/
-
- U Need es una innovadora plataforma de diseño automatizado que permite a los usuarios crear diseños personalizados para redes sociales en cuestión de segundos. Con U Need no es necesario ser un experto en diseño gráfico; la plataforma ofrece una amplia selección de plantillas predefinidas y una biblioteca de gráficos, textos y filtros que pueden personalizarse fácilmente con unos pocos clics. Los usuarios pueden crear fácilmente imágenes y gráficos para publicaciones en redes sociales, historias, banners y mucho más. Además, U Need ofrece funciones de programación de publicaciones, lo que permite a los usuarios programar y publicar sus contenidos directamente desde la plataforma. Con U Need, crear contenidos visuales atractivos y de alta calidad para las redes sociales se convierte en una experiencia rápida y sencilla.

• *DISEÑO ASISTIDO

- **Autodraw**
- https://autodraw.com/
-
- Autodraw es una herramienta de dibujo asistida por IA que ayuda a los usuarios a crear ilustraciones y bocetos fácilmente. Gracias a la IA, Autodraw reconoce las líneas dibujadas por los usuarios y sugiere automáticamente las formas y objetos correspondientes, simplificando el proceso de dibujo.

Es una herramienta perfecta para artistas, diseñadores y creadores de contenidos que quieran crear ilustraciones de forma rápida e intuitiva.

- *Motor de búsqueda de iconos
- **Buscador de iconos**
- https://iconfinder.com/
-
- Icon Finder es un buscador de iconos de alta calidad que permite a los usuarios encontrar fácilmente iconos de varios tamaños y estilos para sus proyectos gráficos y web. Los usuarios pueden navegar por una gran colección de iconos y descargar las versiones deseadas en diferentes formatos. Es una herramienta indispensable para diseñadores, desarrolladores web y creadores de contenidos digitales que buscan iconos de alta calidad para sus proyectos.

- *GRÁFICO
- **Tinta negra**
- https://blackink.ai/
-
- Black Ink es una herramienta de creación y diseño gráfico basada en IA. Con una amplia biblioteca de gráficos y plantillas personalizables, Black Ink permite a los usuarios crear gráficos llamativos para redes sociales, presentaciones, folletos y mucho más. Con su función de detección de objetos, Black Ink facilita la adición de gráficos y texto a las imágenes, garantizando un diseño armonioso y profesional. Esta herramienta es perfecta para profesionales del marketing, diseñadores y creadores de contenidos que

deseen crear gráficos llamativos sin tener que ser un experto en gráficos.

• *GRÁFICOS, CREATIVIDAD

• **Capa trampa**
• https://cheatlayer.com/
•
• Cheat Layer es una herramienta práctica y útil para diseñadores y creativos. Con una amplia colección de recursos gráficos y plantillas personalizables, Cheat Layer ofrece inspiración y apoyo para proyectos creativos. Los usuarios pueden encontrar fuentes, colores, iconos, fotos y mucho más para enriquecer sus diseños y conseguir resultados originales y llamativos. Cheat Layer es un valioso recurso para cualquiera que desee potenciar su creatividad y encontrar soluciones gráficas innovadoras y únicas. Con una amplia gama de elementos gráficos, Cheat Layer ofrece una fuente inagotable de inspiración y apoyo para proyectos creativos.

• *ARCHIVO DE IMÁGENES

• **Pixabay**
• https://pixabay.com/
•
• Pixabay es un archivo de imágenes y vídeos libres de derechos que ofrece una amplia colección de recursos visuales de alta calidad para proyectos creativos y comerciales. Con Pixabay, los usuarios tienen acceso a millones de imágenes, vídeos e ilustraciones gratuitos que pueden utilizarse sin derechos de licencia o atribución. La herramienta utiliza algoritmos de

inteligencia artificial para clasificar e indexar los recursos, lo que facilita y agiliza la búsqueda y la descarga. Además, Pixabay ofrece funciones de búsqueda avanzada y filtros para encontrar exactamente lo que necesitas. Es una herramienta indispensable para diseñadores, desarrolladores web, vendedores y profesionales del sector que buscan imágenes de alta calidad y libres de derechos de autor para sus proyectos.

- *DISEÑO DE LOGO

- **Marca**
- https://wordmark.it/
-
- Wordmark es una herramienta de diseño de logotipos basada en inteligencia artificial. Los usuarios pueden generar logotipos personalizados para su marca o empresa utilizando una gran variedad de opciones de diseño y estilos de fuente. Con Wordmark se pueden crear logotipos profesionales y llamativos de forma rápida y sencilla, sin necesidad de tener conocimientos de diseño.

- *CREACIÓN DE DIBUJOS ANIMADOS

- **Creador de dibujos animados AI**
- https://cartooncreator.live/exclusive/
-
- Cartoon Creator AI es una aplicación basada en inteligencia artificial para crear dibujos animados. Los usuarios pueden crear personajes y escenarios animados utilizando funciones avanzadas de animación y dibujo. Con una amplia gama de opciones

de personalización y estilos de animación para elegir, Cartoon Creator AI ofrece la posibilidad de crear dibujos animados únicos y originales de forma rápida y eficaz.

• *GRÁFICO

- **Diseño Blush**
- https://blush.design/
-
- Blush Design es una herramienta de diseño gráfico basada en inteligencia artificial. Los usuarios pueden acceder a una amplia biblioteca de elementos gráficos como ilustraciones, iconos y fondos para crear diseños gráficos creativos y llamativos. Gracias a sus avanzadas funciones de personalización, Blush Design ofrece la flexibilidad necesaria para crear diseños únicos y originales de forma sencilla e intuitiva.

• *ILUSTRACIONES, DIBUJOS

- **Kit de dibujo**
- https://drawkit.com/
-
- Draw Kit es una aplicación basada en inteligencia artificial que te ayuda a crear ilustraciones y dibujos digitales de forma rápida y precisa. Con funciones avanzadas de dibujo vectorial, Draw Kit te ofrece una amplia gama de herramientas para crear dibujos artísticos, logotipos, iconos y mucho más. Puedes utilizar sus algoritmos de estabilización de trazos para conseguir líneas suaves y uniformes, haciendo que tus dibujos parezcan aún más profesionales. Con Draw Kit,

podrás dar rienda suelta a tu creatividad y dar vida digital a tus ideas artísticas.

• *IMÁGENES, ILUSTRACIONES

• **DALL-E-2**

• https://openai.com/dall-e-2/

•

• DALL-E-2 es una evolución del avanzado modelo de inteligencia artificial DALL-E, desarrollado para generar imágenes e ilustraciones realistas a partir de breves descripciones textuales. Este modelo de inteligencia artificial es capaz de interpretar y comprender el contexto de las descripciones para producir imágenes detalladas y originales. DALL-E-2 supone un paso adelante en la generación de contenidos visuales a partir de texto, abriendo nuevas posibilidades creativas para artistas, diseñadores y creativos de distintas disciplinas. Con DALL-E-2 es posible explorar nuevos horizontes en la producción de imágenes y estimular la creatividad mediante la colaboración entre la inteligencia artificial y la mente humana.

• *CREACIÓN DE LOGOTIPOS

• **Creador de logotipos gratuito**

• https://freelogodesign.org/

•

• Free Logo Maker es una herramienta en línea gratuita que te permite crear fácilmente logotipos profesionales para tu empresa, sitio web o proyecto. Con una interfaz intuitiva y una amplia gama de plantillas e iconos, puedes personalizar tu logotipo con colores, texto y formas únicos. Free Logo Maker también ofrece la posibilidad de cargar tus propias imágenes e iconos para una mayor personalización. Una vez creado tu logotipo, puedes descargarlo gratis en alta resolución y utilizarlo donde quieras.

• *MOCKUP

- **Simulacro limpio**
- https://cleanmock.com/
-
- Clean Mock es una herramienta de creación de prototipos que te ayuda a crear maquetas limpias y atractivas para proyectos web y de aplicaciones. Con Clean Mock, puedes elegir entre una amplia gama de plantillas de maquetas y personalizarlas con tus propios contenidos y gráficos. Puedes importar capturas de pantalla, imágenes y texto, así como añadir animaciones e interacciones para visualizar el flujo de la aplicación o el sitio web. Clean Mock te permite obtener una representación clara de tu proyecto y compartirla con tu equipo o clientes de forma profesional.
-

• *POSTER, FLYER, BANNER

- **Póster Mi muro**
- https://postermywall.com/
-
- Poster My Wall es una herramienta en línea que te permite crear carteles, folletos, pancartas y gráficos para redes sociales de forma rápida y sencilla. Con una amplia biblioteca de plantillas y gráficos, puedes personalizar tus diseños con textos, imágenes y colores únicos. También puedes subir tus propias

imágenes para una personalización aún mayor. Poster My Wall ofrece funciones de edición avanzadas, como filtros fotográficos, efectos especiales y herramientas de recorte y cambio de tamaño. Una vez creado tu diseño, puedes descargarlo y compartirlo con el mundo.

- *ILUSTRACIONES VECTORIALES DE BIBLIOTECA
- **Un sorteo**
- https://undraw.co/
-
- Un Draw es una biblioteca de ilustraciones vectoriales de código abierto que te ofrece una amplia gama de gráficos y diseños para tus proyectos. Puedes utilizar estas ilustraciones gratuitamente para proyectos personales y comerciales, sin necesidad de atribuir al autor. A Draw te ofrece una gran variedad de estilos y temas, incluyendo dibujos de personas, objetos, animales, paisajes y mucho más. Las ilustraciones están disponibles en formato vectorial, lo que significa que puedes redimensionarlas y editarlas sin perder calidad. Con Un Draw, puedes dar un toque creativo y llamativo a tus proyectos sin tener que crear las ilustraciones desde cero.

- *CONVERSIÓN DE TEXTO DIGITAL en CALIGRAFÍA
- **Texto a mano**
- https://texttohandwriting.com/
-
- Text To Handwriting es una herramienta divertida y creativa que le permite convertir su texto digital en escritura a mano. Puede escribir su texto en el campo

correspondiente y Text To Handwriting lo transformará automáticamente en una letra manuscrita realista. Puedes elegir entre diferentes estilos de escritura a mano y personalizar el tamaño y el estilo de la letra. Esta herramienta es ideal para crear tarjetas de felicitación personalizadas, notas o textos de estilo vintage. Con Text To Handwriting, puedes dar un toque único y artístico a tus contenidos digitales e impresionar a tus amigos y compañeros con una letra original.

• *GRÁFICOS, DIBUJO

- **Lienzo neuronal**
- https://neuralcanvas.io
-
- Neural Canvas es una aplicación basada en inteligencia artificial que te ayuda a crear dibujos y gráficos digitales de forma intuitiva y rápida. Gracias a sus avanzados algoritmos, Neural Canvas ofrece funciones de dibujo vectorial y edición de fotos para obtener resultados de alta calidad. Puedes crear diseños artísticos, logotipos, iconos y otros gráficos personalizados con sólo unos clics. Neural Canvas también te da la opción de utilizar plantillas predefinidas o subir tus propias imágenes para una mayor personalización. Es una herramienta ideal para diseñadores, artistas y creativos que quieran dar vida a sus ideas y crear diseños visuales llamativos.
-

• *ANIMACIÓN DE IMÁGENES

- **Avatarify**
- https://avatarify.art/

-
- Avatarify es una divertida herramienta que te permite animar cualquier foto o imagen, convirtiéndola en un avatar animado que sigue tus movimientos. Gracias a sus avanzados algoritmos de aprendizaje profundo, Avatarify es capaz de capturar tus movimientos faciales a través de la webcam y aplicarlos al avatar animado, creando un efecto sorprendente y atractivo. Puedes utilizar Avatarify para crear vídeos divertidos para compartir en las redes sociales, en videollamadas o en presentaciones. Es una aplicación lúdica que ofrece una forma original de interactuar con tus fotos y crear contenidos visuales originales.

7. MEDIOS DE COMUNICACIÓN SOCIAL

- *CONTENIDO DE INSTAGRAM
- **Estudio social**
- https://www.socialstudio.ai/
-
- Social Studio ayuda a los usuarios a crear contenidos para sus cuentas de Instagram. Utiliza inteligencia artificial para generar contenidos y permite a los usuarios personalizar textos, colores, formas y mucho más. También ayuda a los usuarios a programar publicaciones directamente en Instagram y ofrece un visualizador para saber qué están creando otros usuarios con Social Studio. El sitio web también ofrece

créditos de publicación que permiten a los usuarios convertir sus publicaciones en redes sociales en archivos de imagen descargables.

- * GESTIÓN DE MEDIOS SOCIALES (para agencias de marketing)
- **Campaña en la nube**
- https://www.cloudcampaign.com/
-
- Cloud Campaign ofrece software de gestión de redes sociales para agencias de marketing. El sitio web proporciona herramientas para que las agencias creen, planifiquen, aprueben y gestionen el contenido de las redes sociales para sus clientes. La plataforma funciona con inteligencia artificial, es personalizable y escalable y ofrece funciones como la marca privada, la programación simplificada, el proceso de aprobación del cliente y la generación de informes con un solo clic. Cloud Campaign también ofrece una prueba gratuita, recursos y apoyo a las agencias para ayudarles a hacer crecer su negocio. El sitio web es fácil de navegar y ofrece información sobre planes de precios, integraciones y opiniones de clientes y empleados. En general, Cloud Campaign pretende ayudar a las agencias a construir un negocio próspero con su plataforma de gestión de redes sociales.

- *AUTOMATIZACIÓN DE LAS REDES SOCIALES
- **Yaara**
- https://yaara.ai/
-

- Yaara es una herramienta avanzada para la automatización de las redes sociales. Con funciones para programar publicaciones, supervisar interacciones y analizar el rendimiento, Yaara simplifica la gestión de las redes sociales y optimiza la eficacia de las campañas de marketing. Los usuarios pueden programar publicaciones en varias plataformas sociales, lo que garantiza una presencia constante y coherente en todos los canales digitales. Yaara también ofrece herramientas de monitorización para seguir y responder a las interacciones de los seguidores, garantizando una gestión proactiva del compromiso. Además, con el análisis del rendimiento, los usuarios pueden evaluar la eficacia de sus campañas y realizar cambios estratégicos para mejorar los resultados. Yaara es una herramienta indispensable para cualquiera que gestione la presencia de una empresa en las redes sociales y desee maximizar la participación y el impacto de sus actividades en línea.

- *OPTIMIZACIÓN DE INSTAGRAM

- **Kicksta**
- https://kicksta.co/
-
- Kicksta ayuda a la gente a aumentar sus seguidores en Instagram utilizando métodos orgánicos. Utilizan tecnología basada en IA para ayudar a las personas a conseguir seguidores reales a los que realmente les gusta su cuenta. Kicksta ha ayudado a más de 100.000 marcas y personas influyentes a ganar millones de seguidores. Ofrecen diferentes planes con diferentes tasas de crecimiento, número de objetivos y soporte VIP. Kicksta hace hincapié en la importancia de tener

seguidores reales que estén realmente interesados en una marca, en lugar de comprar seguidores o likes falsos. Ofrecen una garantía de devolución del dinero de 7 días y llevan en el negocio desde 2015. El sitio web también ofrece información sobre por qué tener seguidores reales es importante para empresas, agencias y personas influyentes.

- *PLANIFICACIÓN, PUBLICACIÓN DE CONTENIDOS
- **Publer**
- https://publer.io/
-
- Publer es una herramienta de gestión de redes sociales basada en inteligencia artificial. Esta herramienta ofrece funciones de planificación, publicación y análisis de contenidos en las redes sociales. Es útil para gestores de redes sociales y personas influyentes que deseen gestionar y optimizar sus actividades en las redes sociales de forma eficaz y estratégica.

- *ANÁLISIS DEL RENDIMIENTO DE LOS MEDIOS SOCIALES
- **Maroofy**
- https://maroofy.com/
-
- Maroofy es una herramienta de análisis del rendimiento en redes sociales basada en inteligencia artificial. Esta herramienta utiliza algoritmos avanzados para analizar las métricas y las interacciones en los medios sociales y proporcionar informes detallados sobre la eficacia de

las campañas de marketing en los medios sociales. Es útil para las empresas que desean evaluar el impacto de sus actividades en los medios sociales y tomar decisiones con conocimiento de causa.

- *CREACIÓN BIO para TWITTER

- **Twitter Bio**
- https://twitterbio.com/
-
- Twitter Bio es una herramienta basada en inteligencia artificial que ayuda a los usuarios a crear biografías atractivas y originales para su perfil de Twitter. Mediante algoritmos de generación de lenguaje, Twitter Bio ofrece sugerencias y escritura creativa para presentarse de forma única e interesante en la plataforma de redes sociales. Los usuarios pueden obtener biografías personalizadas basadas en sus intereses, ocupaciones y personalidad, lo que facilita y agiliza la actualización de su perfil y la captación de nuevos seguidores.

- *GESTIÓN DE REDES SOCIALES

- **Correo cortés**
- https://politepost.net/
-
- Polite Post es una aplicación de gestión de redes sociales basada en inteligencia artificial y diseñada para optimizar y simplificar su presencia en Internet. Con la ayuda de sus avanzados algoritmos, Polite Post te ayuda a crear y programar publicaciones sociales de forma estratégica y atractiva. Con Polite Post puedes planificar tus publicaciones con antelación,

identificando los mejores momentos para llegar a tu público objetivo y aumentar la participación. Además, la aplicación te ofrece funciones de análisis de datos para supervisar el rendimiento de tus publicaciones y conocer mejor a tus seguidores. Con Polite Post, puede mejorar su estrategia de marketing en redes sociales y maximizar el impacto de sus actividades en ellas.

- *OPTIMIZACIÓN DE TWITTER
  -
- **Furia del bombo**
- https://hypefury.com/
-
- Hypefury ayuda a las personas a aumentar y monetizar su audiencia en Twitter. Ofrece varias funciones, como la creación de nuevos contenidos, el aumento de la audiencia, el crecimiento de las listas de correo electrónico y la venta de más productos. Los usuarios pueden probar Hypefury gratis accediendo con su cuenta de Twitter. Hypefury retuitea automáticamente tus mejores tuits, dándoles una segunda vida, y convierte tus tuits en imágenes optimizadas para Instagram. Dispone de una función de redacción que permite a los usuarios redactar y enviar tuits desde una única interfaz. Hypefury también ofrece información sobre los tuits que han obtenido mayor participación, para que los usuarios sepan qué quiere leer su público. Ofrecen varios planes de suscripción e incluso una prueba gratuita para probar el servicio. En general, Hypefury es una herramienta útil para cualquiera que desee aumentar su audiencia en Twitter e incrementar su presencia en Internet.

- *CREACIÓN DE CONTENIDOS SOCIALES
- **Pablo Buffer**
- https://pablo.buffer.com/
-
- Pablo Buffer es una herramienta de diseño visual creada por Buffer, una conocida herramienta de gestión de redes sociales. Con Pablo Buffer, los usuarios pueden crear fácilmente imágenes atractivas y llamativas para sus publicaciones en redes sociales, blogs y mucho más. La plataforma ofrece una amplia biblioteca de fotos de archivo gratuitas y una selección de plantillas predefinidas para diversos formatos de redes sociales, como publicaciones, historias, portadas y mucho más. Los usuarios pueden personalizar fácilmente las imágenes, añadiendo texto, filtros y gráficos, y compartir los resultados directamente en las redes sociales o guardarlos para utilizarlos en el futuro. Pablo Buffer es una herramienta esencial para cualquier vendedor y creador de contenidos que quiera crear imágenes atractivas y profesionales para su marca.

- * OPTIMIZACIÓN DE LAS REDES SOCIALES
-
- **Clasificador de brillo**
- https://chasereiner.thrivecart.com/
-
- ShineRanker ayuda a las empresas a hacerse populares en plataformas de medios sociales como YouTube, Facebook, Instagram y TikTok. Ofrece

herramientas para mejorar la presencia en línea, aumentar el tráfico y generar clientes potenciales. La herramienta cuenta con funciones como investigación de palabras clave, auditoría de sitios web, control de tráfico, editor de contenidos, lista de clientes potenciales y supervisión de palabras clave. También cuenta con un chat de inteligencia artificial y una función de sugerencia de palabras clave para utilizar en los contenidos. Para utilizar la herramienta, basta con crear un proyecto, encontrar palabras clave fáciles de ubicar y crear contenidos con esas palabras clave. ShineRanker ha recibido críticas positivas de usuarios que la consideran fácil de usar y eficaz. ShineRanker se compromete a proporcionar precios claros y directos que ofrezcan la mejor relación calidad-precio.

- * ESTRATEGIA Y CONTENIDO DE LAS REDES SOCIALES
  -
- **Syllaby**
- https://www.syllaby.io/
-
- Syllaby ayuda a las empresas a crear una estrategia de redes sociales en sólo 10 minutos. Ofrecen una herramienta que ayuda a los usuarios a encontrar temas para su sector y generar guiones para vídeos mediante inteligencia artificial. También proporcionan un calendario editorial para ayudar a los usuarios a mantener la coherencia a la hora de publicar contenidos. Syllaby fue creada por una agencia de marketing en redes sociales que utilizó su proceso repetible para ayudar a las empresas a ahorrar tiempo y dinero sin tener que contratar a una agencia cara. El

sitio web es útil para empresas que ofrecen servicios, como abogados, médicos y propietarios de agencias. Syllaby ofrece una estructura de precios sencilla y transparente, con una opción gratuita y otra de pago que incluye búsquedas ilimitadas de temas, guiones de vídeo, artículos de blog y un calendario editorial. En general, Syllaby pretende simplificar el marketing en redes sociales para las empresas y ayudarlas a generar contenidos y mantener la coherencia. El sitio web es fácil de usar y ofrece registro gratuito.

- *GESTIÓN DE CAMPAÑAS EN MEDIOS SOCIALES
- **Flick**
- https://flick.social/
-
- Flick es una herramienta basada en inteligencia artificial para gestionar y analizar campañas de influencers en redes sociales. La herramienta ayuda a los influencers y a las empresas a identificar las asociaciones más eficaces y a analizar el rendimiento de las campañas. Es útil para los influencers que desean optimizar su presencia en las redes sociales y para las empresas que buscan asociarse con los influencers adecuados para promocionar sus productos o servicios.

- *PLANIFICACIÓN, GESTIÓN SOCIAL
- **Postly**
- https://postly.ai/
-
- Postly es una herramienta de planificación y gestión de las redes sociales que utiliza la IA para sugerir

contenidos, optimizar las publicaciones y realizar un seguimiento del rendimiento de los mensajes en las redes sociales.

• * OPTIMIZACIÓN, GESTIÓN DE REDES SOCIALES
- **Estudio de contenidos**
- https://contentstudio.io/
-
- ContentStudio es una herramienta de gestión de redes sociales que ayuda a las empresas a gestionar y ampliar sus canales sociales. Ofrece funciones como planificación y programación de contenidos, leyendas e imágenes generadas por inteligencia artificial, análisis de redes sociales, una bandeja de entrada unificada para atención al cliente y curación de contenidos. También incluye herramientas avanzadas como publicaciones personalizadas para redes sociales, espacios de trabajo y primer comentario inverso. ContentStudio está diseñado para agencias, pequeñas empresas y organizaciones de nivel empresarial. El sitio web incluye testimonios de clientes satisfechos y ofrece una prueba gratuita de 14 días. En general, ContentStudio es una completa herramienta de gestión de redes sociales que ayuda a las empresas a crear contenidos de calidad, analizar el rendimiento, interactuar con los clientes y descubrir contenidos de tendencia.

• * CONTENIDOS PARA LAS REDES SOCIALES
- **AdCreative**
- https://www.adcreative.ai/

- AdCreative ayuda a las personas a crear anuncios y publicaciones en redes sociales con la ayuda de la Inteligencia Artificial. Ayuda a los usuarios a ahorrar tiempo y dinero obteniendo mejores resultados. AdCreative genera creatividades y banners con tasas de conversión hasta 14 veces superiores a las diseñadas sin enfoques basados en datos. También proporciona información sobre qué creatividades funcionan mejor en sus cuentas publicitarias. Los usuarios pueden elegir entre diversos planes que se adaptan a sus necesidades, con tarifas que van de 29 a 1.490 dólares al mes o al año. También tienen la opción de solicitar una oferta personalizada. AdCreative se integra con Google, Facebook y Zapier para ayudar a los usuarios a aprovechar al máximo sus servicios. También ofrece un generador de texto basado en IA e información creativa para ayudar a los usuarios a crear los mejores anuncios y publicaciones para su público objetivo. El sitio web es fácil de usar y ofrece registro gratuito.

- * PUBLICACIÓN DE CONTENIDOS DE VÍDEO, PODCASTS

- **Reutilizar IO**
- https://repurpose.io/
-
- Repurpose.io ayuda a las personas que crean vídeos y podcasts a compartir sus contenidos en diferentes plataformas. Permite a los usuarios publicar o programar sus contenidos en varios canales de redes sociales como YouTube, Facebook, TikTok, Snapchat, LinkedIn, Instagram, Pinterest y Twitter. Automatiza el flujo de trabajo de los contenidos, ahorrando tiempo y

esfuerzo a los creadores. Repurpose.io también ayuda a los usuarios a reutilizar sus contenidos de una plataforma a otra, lo que significa que pueden crear un contenido y publicarlo en cualquier lugar. Ofrece una prueba gratuita de 14 días y los usuarios pueden publicar diez clips de audio y vídeo gratis durante este periodo. Más de 107.000 creadores de contenidos, personal branders, gestores de redes sociales y profesionales del marketing digital utilizan Repurpose.io. El sitio web elimina de la lista de tareas pendientes de marketing las tareas que hacen perder el tiempo y ayuda a los usuarios a aumentar su audiencia más rápido que nunca.

- *OPTIMIZACIÓN CURRICULAR, LINKEDIN
- **Curriculum vitae redactado**
- https://resumeworded.com/
-
- Resume Worded es una plataforma potenciada por inteligencia artificial diseñada para ayudar a las personas a optimizar sus currículos y perfiles de LinkedIn. Creada por reclutadores experimentados, esta plataforma ofrece comentarios personalizados y específicos, ayudando a los usuarios a mejorar su presentación profesional y maximizar sus posibilidades de conseguir entrevistas y ofertas de trabajo.

- *INVESTIGACIÓN DE CLIENTES, PERSONAL en el objetivo en LINKEDIN
- **Wiza**
- https://wiza.co/
-

• Wiza es un sitio web que ayuda a las empresas a encontrar y conectar con clientes potenciales y empleados en Linkedin. Ofrece herramientas como la búsqueda, el scraping y la verificación de correos electrónicos en Linkedin para crear listas de direcciones de correo electrónico a partir de búsquedas en Linkedin y exportarlas como archivos CS. Wiza también ofrece estudios de casos sobre cómo sus servicios pueden ayudar a las empresas a aumentar su volumen de negocio y a encontrar nuevos talentos. El sitio web cuenta con una línea de asistencia, una base de conocimientos y una función de comprobación de estado para ayudar a los usuarios. Además, Wiza tiene un blog con ideas útiles para el éxito de ventas y ofrece visitas guiadas y demostraciones individuales de productos. El sitio web cuenta con la confianza de más de 30.000 empresas y tiene una valoración de 4,6/5 por parte de los usuarios de G2. Wiza se integra con varios programas de gestión de relaciones con los clientes y plataformas de automatización de ventas, lo que facilita la introducción de prospectos enriquecidos en cualquier plataforma de marketing. El sitio web ofrece una prueba gratuita y sólo cobra por los correos electrónicos válidos. Wiza no está afiliada a Microsoft ni a Linkedin, pero ofrece herramientas que funcionan con Linkedin Sales Navigator y otras funciones de Linkedin.

• *BIOGRAFÍAS PARA LAS REDES SOCIALES

• **En Social Bio**
• https://aisocialbio.com
•

- AI Social Bio es una IA de generación de biografías para redes sociales que permite a los usuarios crear biografías atractivas y creativas para sus perfiles en redes sociales. Con AI Social Bio, los usuarios pueden especificar información personal, intereses y objetivos, y la herramienta utiliza algoritmos de inteligencia artificial para generar automáticamente una biografía atractiva y bien escrita. Es una gran solución para cualquiera que desee presentarse de forma profesional y creativa en las redes sociales. AI Social Bio ofrece una amplia gama de opciones de personalización, como emoji, hashtags y enlaces, para crear biografías únicas y memorables para cada perfil social.

- *CONTACTOS ESPECÍFICOS EN LINKEDIN

- **Zopto**
- https://zopto.com/
-
- Zopto ayuda a las empresas a encontrar y conectar con clientes potenciales en Linkedin y a través del contacto por correo electrónico. Ofrece una plataforma que simplifica los esfuerzos de prospección y ayuda a las empresas a crecer de forma escalable y predecible. Zopto utiliza flujos de trabajo inteligentes multitáctiles en Linkedin y a través del correo electrónico para atraer a cientos de clientes potenciales interesantes, dirigiéndose a los clientes ideales. Ofrece potentes funciones como campañas multicanal, informes en tiempo real y prospección segura. Zopto es una herramienta de venta social y generación de leads basada en la nube, accesible desde cualquier dispositivo a través de una conexión en la nube y una dirección IP dedicada. También ofrece plantillas y

publicaciones basadas en IA con ChatGPT, filtros avanzados, campañas específicas y asistencia ilimitada. Zopto ha ayudado a miles de clientes a simplificar sus esfuerzos de prospección y hacer crecer su negocio.

- *GESTIÓN DE REDES SOCIALES

- **Balizas**
- https://beacons.ai/
-
- Beacons es otra herramienta útil para gestionar los enlaces en la biografía. Ayuda a los usuarios a sacar el máximo partido de los perfiles en las redes sociales al ofrecer una interfaz sencilla para compartir más enlaces y contenidos con su audiencia. Con Beacons, puedes dirigir el tráfico a destinos específicos, facilitando el acceso a la información y el contenido que desees.

- *GENERAR CONTACTOS EN LINKEDIN

- **Flujo de ventas**
- https://salesflow.io/
-
- Salesflow es una plataforma que ayuda a las empresas a generar clientes potenciales en Linkedin. Permite a los usuarios enviar hasta 400 invitaciones al mes, seguir y enviar hasta 800 inmails y gestionar sus clientes potenciales en tiempo real. La plataforma también ofrece informes y estadísticas avanzadas, gestión de equipos y compatibilidad con Sales Navigator. Los usuarios pueden calcular el retorno de la inversión con la calculadora de Salesflow. El sitio web incluye testimonios de clientes satisfechos,

incluidos directores de ventas y directores generales. Salesflow está diseñada para agencias, equipos de ventas y empresas de nueva creación, y ofrece recursos como plantillas de mensajes, guías de redacción y guías de optimización de perfiles. La plataforma no es un producto de Linkedin y no está avalada ni afiliada a Linkedin.

- *MONTIGNISATION LEAD on SOCIAL MEDIA
- **Tienda Stan**
- https://stan.store/
-
- Stan Store es una versátil herramienta de bioenlaces diseñada para ayudar a los usuarios a monetizar su audiencia en las redes sociales y generar clientes potenciales fácilmente. Con su interfaz intuitiva, Stan Store permite a particulares y empresas mostrar más enlaces y contenidos en sus perfiles de redes sociales, lo que facilita dirigir el tráfico a los destinos deseados y explotar eficazmente su presencia en línea.

- *OPTIMIZACIÓN DE ENLACES
- **OctopusCRM**
- https://octopuscrm.io
-
- OctopusCRM es una completa herramienta de automatización diseñada específicamente para que los usuarios de LinkedIn simplifiquen sus esfuerzos por encontrar nuevos clientes y hacer crecer su negocio. Gracias al software avanzado de automatización de LinkedIn, OctopusCRM ayuda a los usuarios a automatizar diversas tareas, como solicitudes de

conexión, seguimientos y secuencias de mensajes, ahorrando tiempo y optimizando las estrategias de generación de leads.

• *CHAT EN REDES SOCIALES

- **Respuesta rápida**
- https://fastreply.io/
-

- Fast Reply es una herramienta de vanguardia basada en inteligencia artificial para gestores de redes sociales y creadores de contenidos, que les permite interactuar con su público de forma más rápida y eficaz en plataformas como Twitter y LinkedIn. Con su función de respuesta inteligente, Fast Reply ayuda a los usuarios a generar respuestas personalizadas y relevantes, mejorando la interacción y el compromiso en las redes sociales.

• *CREACIÓN DE CONTENIDOS SOCIALES

- **Ocoya**
- https://www.ocoya.co
-

- Ocoya es una plataforma para genios de las redes sociales que ayuda a los usuarios a generar, autogenerar y programar contenidos de forma más eficiente. Al optimizar la creación y programación de contenidos, Ocoya permite a los usuarios mantener una presencia en línea coherente, atraer a su audiencia y aumentar su influencia en las redes sociales.

8. PRODUCTIVIDAD

- *GESTIÓN DE PROYECTOS

- **Leche**
- https://latte.social/
-
- Latte es una herramienta de gestión de proyectos basada en inteligencia artificial. Esta herramienta ofrece funciones de planificación, colaboración y gestión de proyectos para mejorar la productividad y eficiencia de los equipos. Es útil para empresas y equipos que quieran organizar y gestionar sus proyectos de forma más eficiente.

- *ORGANIZACIÓN, TRABAJO EN EQUIPO

-
- **Taskade**
- https://www.taskade.com/
-
- Taskade es una plataforma integral para que los equipos remotos colaboren, organicen y completen el trabajo. Incluye cinco herramientas en una: AI Writer para crear contenidos más rápidamente, tareas y proyectos para gestionar listas y tablones de anuncios, notas y documentos para la escritura estructurada, mapas mentales para organizar pensamientos y videochat para la colaboración en tiempo real. La biblioteca de plantillas personalizables de Taskade ayuda a los equipos a automatizar sus flujos de

trabajo, mientras que la integración con calendarios, los enlaces compartibles y la compatibilidad multiplataforma facilitan el trabajo con cualquier persona y en cualquier lugar. Con reconocimiento de lenguaje natural, opciones de tareas recurrentes y editor de arrastrar y soltar, Taskade es la herramienta definitiva para realizar un seguimiento de las tareas, tomar notas y mantenerse organizado. Además, ¡empezar es gratis!

- *SELECCIÓN DE PERSONAL

- **Hirelake AI**
- https://hirelake.ai/
-
- Hirelake AI es una herramienta de selección de personal basada en inteligencia artificial. Esta herramienta utiliza algoritmos avanzados para evaluar las habilidades y cualificaciones de los candidatos, simplificando y mejorando el proceso de contratación. Es útil para responsables de RRHH y reclutadores que deseen identificar a los candidatos más adecuados para los puestos vacantes en su empresa.

- *PRODUCTIVIDAD, PROYECTOS

- **Lista de control**
- https://checklist.gg/
-
- Checklist es una herramienta de gestión de tareas basada en inteligencia artificial que le ayuda a organizar y gestionar su trabajo y sus proyectos. Con Checklist, puedes crear listas de comprobación personalizadas para diferentes tareas, proyectos u

objetivos, llevando un registro de las tareas completadas y los plazos. También puede establecer recordatorios y notificaciones para estar informado de plazos o tareas importantes. Checklist le ayuda a ser más productivo, organizado y centrado en las tareas importantes, eliminando el riesgo de olvidar tareas o plazos. Es una herramienta ideal para profesionales, estudiantes y cualquier persona que desee organizar mejor su trabajo y su vida diaria.

- *GESTIÓN DE ACTIVIDADES, PLANIFICACIÓN

- **88 pilas**
- https://88stacks.com/
-
- 88 Stacks es una herramienta de gestión de tareas basada en inteligencia artificial. Esta herramienta ofrece funciones de planificación, organización y seguimiento de tareas y proyectos. Es útil para profesionales que desean mejorar su productividad y mantener el control de sus actividades.

- *ANÁLISIS DE FORTALEZAS

- **Huella digital para el éxito**
- https://www.fingerprintforsuccess.com/for-individuals
-
- Fingerprint for Success es una herramienta basada en inteligencia artificial que te ayuda a descubrir tus puntos fuertes, valores y preferencias laborales. A través de un cuestionario detallado y del análisis de tu comportamiento, Fingerprint for Success te proporciona una relación pormenorizada de tus características y aptitudes personales y profesionales.

Puede utilizar esta información para tomar decisiones profesionales con conocimiento de causa, identificar oportunidades de crecimiento y mejora, y comprenderse mejor a sí mismo y sus expectativas laborales. Fingerprint for Success es una valiosa herramienta para profesionales, directivos y empresarios que deseen desarrollar sus competencias y alcanzar el éxito profesional.

- *GESTIÓN DE PROYECTOS
- **QikPM**
- https://qikpm.com/
-
- QikPM es una herramienta de gestión de proyectos basada en inteligencia artificial. Esta herramienta ofrece capacidades de organización, colaboración y planificación de proyectos, ayudando a los equipos a gestionar eficazmente las tareas y alcanzar los objetivos. QikPM simplifica la comunicación y la sincronización.

- *CREACIÓN DE CONTENIDOS
- **STORYD**
- https://storyd.ai/
-
- STORYD es una herramienta de creación de contenidos basada en inteligencia artificial. Esta herramienta ofrece consejos e ideas para escribir, diseñar y crear contenidos visuales y textuales atractivos. Es ideal para creadores de contenidos, escritores y diseñadores gráficos que deseen crear contenidos originales e impactantes.

- *ASISTENTE VIRTUAL

- **AYUDA**
- https://whelp.co/
-
- WHELP es una herramienta de asistencia virtual basada en inteligencia artificial, que ofrece respuestas y apoyo inmediatos a problemas comunes. Con amplios conocimientos y experiencia, WHELP es un asistente fiable y rápido para las preguntas y retos cotidianos. Los usuarios pueden interactuar con WHELP a través del chat y recibir asistencia personalizada sobre diversos temas, como tecnología, salud, viajes y mucho más.

- *PRODUCTIVIDAD, EFICACIA

- **Cala**
- https://ca.la/
-
- Cala es una aplicación basada en IA que ayuda a mejorar la productividad y la eficiencia en la planificación de las tareas diarias. Con capacidades de programación inteligente y análisis de datos, Cala es capaz de sugerir cuándo y cómo deben realizarse las tareas, ayudando a optimizar el tiempo y reducir el estrés. Esta herramienta es perfecta para profesionales y empresarios que desean organizar y gestionar mejor sus actividades diarias, mejorando la productividad y alcanzando sus objetivos con mayor eficacia. Con Cala, podrá conseguir una planificación óptima y un uso más eficiente de su tiempo.

- *TRABAJO EN EQUIPO

- **Bit Ai**
- https://bit.ai/
-
- Bit 2.0 es una potente plataforma de colaboración documental para el trabajo. Esta plataforma permite a individuos, pequeños equipos y organizaciones enteras crear, colaborar y organizar todo su conocimiento en un solo lugar desde cualquier parte del mundo. Bit 2.0 cuenta con un sistema de comunicación moderno, bonito y potente que incluye un editor de documentos, una base de conocimientos/wiki, portales de clientes, salas de datos y mucho más. También ofrece una serie de integraciones con otras aplicaciones, inserción de medios, archivos en la nube y widgets inteligentes. También cuenta con seguimiento de documentos, comentarios en línea y un módulo personalizable de captación de clientes potenciales. La plataforma también ofrece una biblioteca de contenidos, un tema de diseño/color y más de 100 integraciones enriquecidas. Bit 2.0 cuenta con la confianza de organizaciones y profesionales de más de 100 países y es una excelente alternativa a Google Docs, Word, Confluence, Quip, Notion, Nuclino y Dropbox Paper. El sitio web es fácil de usar y ofrece una opción de registro gratuita.

- *FONDOS DE PANTALLA PARA VIDEOLLAMADAS

- **Fondos de zoom**
- https://zoomscape.ai/
-

- Zoom Backgrounds es una herramienta que ofrece una gran colección de fondos virtuales para videollamadas en Zoom. Esta herramienta te permite personalizar tus videollamadas con fondos divertidos y profesionales. Es útil para quienes desean añadir un toque de creatividad y profesionalidad a las videoconferencias.

- *INTELIGENCIA EMPRESARIAL

- **BI Generativo**
- https://generativebi.com/
-
- Generative BI es una plataforma de inteligencia empresarial basada en inteligencia artificial que proporciona análisis avanzados y modelos predictivos para ayudar a las empresas a comprender su rendimiento e identificar oportunidades de crecimiento. Con funciones de análisis de datos y previsión predictiva, Generative BI proporciona valiosas herramientas para optimizar las operaciones empresariales y tomar decisiones basadas en datos.

- *ASISTENTE DE COMUNICACIÓN

- **Obtener hilo**
- https://getyarn.io/
-
- Get Yarn es una aplicación que ofrece indicaciones de conversación basadas en inteligencia artificial. Esta herramienta ayuda a crear conversaciones más fluidas y atractivas. Es útil para quienes desean mejorar sus habilidades de comunicación e interacción social.

- *GESTIÓN DE DOCUMENTOS

- **DocuBuddy**
- https://docubuddy.ai/
-
- DocuBuddy es una herramienta de gestión documental basada en inteligencia artificial que ayuda a los usuarios a organizar, almacenar y buscar documentos de forma eficaz. Con funciones de reconocimiento de texto y categorización automática, DocuBuddy simplifica la gestión de documentos y reduce el tiempo de búsqueda. Esta herramienta es especialmente útil para profesionales, empresas y equipos que gestionan grandes cantidades de documentos y desean mantener un sistema de archivo organizado y accesible.

- *ANÁLISIS DE SENTIMIENTOS

- **SentiBot**
- https://sentibot.ai/
-
- SentiBot es una herramienta de análisis de sentimientos basada en inteligencia artificial que ayuda a las empresas a controlar y comprender las opiniones y sentimientos de los clientes. Mediante algoritmos de análisis de texto y lenguaje natural, SentiBot analiza las interacciones de los clientes, como reseñas, comentarios en redes sociales y opiniones, proporcionando información sobre su satisfacción y experiencia. Esta herramienta es un valioso aliado para los equipos de atención al cliente, los responsables de marca y los expertos en experiencia del cliente que desean mejorar las relaciones con los clientes y

responder a sus necesidades de forma oportuna y eficaz.

• *AUTOMATIZACIÓN DE PROCESOS EMPRESARIALES

- **Levity**
- https://levity.ai/
-
- Levity es una herramienta de automatización basada en inteligencia artificial. Esta herramienta ofrece capacidades de automatización para una gran variedad de procesos empresariales, como el reconocimiento de imágenes, el procesamiento de documentos, la supervisión del rendimiento y mucho más. Resulta especialmente útil para las empresas que desean automatizar tareas repetitivas y mejorar la eficiencia operativa.

• *NOTAS DE CREACIÓN para PRESENTACIONES, PODCASTs

- **Notas de prensa**
- https://shownotes.io/
-
- Shownotes es una herramienta basada en inteligencia artificial para crear notas de presentación para podcasts y vídeos. Esta herramienta identifica automáticamente los puntos clave y los temas tratados en los contenidos de audio o vídeo y los convierte en notas de texto. Es útil para creadores de podcasts y vídeos que deseen ofrecer notas y resúmenes detallados de sus contenidos a sus oyentes y espectadores.

- *CREACIÓN DE CONTENIDOS
- **Generador de mensajes virales**
- https://viralpostgenerator.taplio.com/
-
- Viral Post Generator es una herramienta creativa basada en inteligencia artificial que ayuda a crear contenidos virales y atractivos para las redes sociales. Con capacidades de generación de texto e imágenes, los usuarios pueden crear rápidamente publicaciones atractivas que capten la atención de su audiencia.

- *GESTIÓN DE PROYECTOS
- **ClickUp**
- https://clickup.com/
-
- ClickUp es la herramienta definitiva de gestión de proyectos, ideal para ayudar a los usuarios a mantener la organización y alcanzar objetivos. Con una funcionalidad avanzada, ofrece la posibilidad de gestionar tareas, proyectos y la comunicación interna, garantizando la máxima colaboración y productividad para los equipos.

- *CREAR PRESENTACIONES
- **Diapositivas**
- https://slides.com/
-
- Slides es una herramienta de creación de presentaciones en línea que permite a los usuarios crear diapositivas profesionales y llamativas en

cuestión de minutos. Con una amplia gama de plantillas y diseños predefinidos, los usuarios pueden personalizar fácilmente sus presentaciones añadiendo texto, imágenes y gráficos. Es una gran herramienta para profesionales del marketing, presentadores y profesores que quieran crear presentaciones de alta calidad sin tener que empezar desde cero.

• *GESTIÓN DEL TIEMPO

- **Temporizador de huevos**
- https://e.ggtimer.com/
-
- Egg Timer es una herramienta sencilla pero útil para fijar y controlar el tiempo, perfecta para gestionar el tiempo y mantenerse concentrado durante las actividades diarias o el estudio.

• *PRODUCTIVIDAD

- **Bria**
- https://bria.ai/
-
- Bria es una aplicación basada en inteligencia artificial que te ayuda a mejorar tu productividad y organización diarias. Con algoritmos avanzados de análisis de datos, Bria te permite organizar tus tareas, proyectos y citas de forma eficiente. Puedes utilizar Bria para crear listas de tareas, establecer recordatorios y planificar tu calendario para ir un paso por delante en tu trabajo y en tu vida personal. Con capacidades de sincronización a través de múltiples dispositivos, puedes acceder a tu información estés donde estés y recibir notificaciones para mantenerte al día con tu

agenda. Con Bria, puedes mejorar tu gestión del tiempo y conseguir mejores resultados en tus proyectos.

• *GESTIÓN DE CITAS

• **Calendly**
• https://calendly.com/
•
• Calendly es una herramienta de planificación de citas que simplifica la gestión y organización de reuniones y encuentros. Puede compartir fácilmente su calendario con clientes, colegas o amigos y permitirles reservar citas en su disponibilidad. Con Calendly, puede establecer diferentes tipos de citas, duraciones y límites diarios de reservas para personalizar su calendario según sus necesidades. Puedes sincronizar Calendly con tu calendario online favorito, como Google Calendar o Outlook, para evitar solapamientos y gestionar mejor tu agenda. Con Calendly, puede ahorrar un valioso tiempo de planificación de reuniones y centrarse en las tareas más importantes de su trabajo o de su vida personal.

• *PRESENTACIONES

• **Diapositivas AI**
• https://slidesai.io/
•
• Slides AI es una potente aplicación basada en inteligencia artificial que te ayuda a crear presentaciones visualmente atractivas y profesionales. Con algoritmos de diseño avanzados, Slides AI le

ofrece una amplia gama de plantillas y temas personalizables para

- tus presentaciones. Puedes añadir texto, imágenes, gráficos y mucho más, y conseguir una presentación profesional en unos pocos clics. Con funciones de análisis y optimización del diseño, Slides AI te ayuda a crear presentaciones visualmente atractivas y cautivadoras. Es una herramienta indispensable para presentaciones corporativas, conferencias y proyectos académicos.

- *PRODUCTIVIDAD
- **Hurón**
- https://ferret.ai/
-
- Ferret es una innovadora plataforma basada en inteligencia artificial que te ayuda a gestionar y organizar la información de forma rápida y eficaz. Con la ayuda de sus potentes algoritmos de análisis de datos, Ferret explora y analiza grandes cantidades de datos para extraer información relevante y presentarla de forma clara y estructurada. Puede utilizar Ferret para recopilar datos de diversas fuentes, como documentos, páginas web, correos electrónicos, etc., y obtener rápidamente resultados precisos y fiables. Gracias a las funciones avanzadas de búsqueda y filtrado, podrá encontrar fácilmente la información que busca y tomar decisiones fundamentadas basadas en los datos recopilados. Con Ferret, puede aprovechar el poder de la inteligencia artificial para optimizar el proceso de gestión de la información y aumentar la productividad de su equipo.

- *ASISTENTE VIRTUAL, SOLUCIONADOR DE PROBLEMAS
- **En Helpbot**
- https://aihelperbot.com/
-
- Al Helpbot es un asistente virtual basado en inteligencia artificial que te ayuda a resolver problemas y encontrar soluciones a tus preguntas. Puedes interactuar con Al Helpbot mediante comandos de voz o texto y recibir respuestas inmediatas y precisas. Gracias a su motor de análisis del lenguaje natural, Al Helpbot es capaz de entender el contexto de tus peticiones y ofrecerte información detallada y relevante. Puedes utilizar Al Helpbot para obtener noticias, información meteorológica, cálculos matemáticos, consejos de cocina y mucho más. Con su interfaz fácil de usar, Al Helpbot hace que la experiencia de interacción sea fácil e intuitiva, proporcionándote un asistente virtual fiable y siempre disponible.

-

- *ASISTENTE DE PERSONAL LABORAL
- **IA humana**
- https://www.humata.ai/

- Humata utiliza inteligencia artificial para ayudarle a entender y trabajar con sus archivos más rápidamente. Puedes hacer preguntas a Humata sobre tus archivos y obtener respuestas al instante. También puede ayudarte a resumir documentos largos, analizar documentos legales y crear informes 100 veces más rápido. El uso de Humata es gratuito, pero hay un límite de 60 páginas por documento. Tus documentos se guardan de forma segura en un almacenamiento encriptado en la nube y tienes el control sobre tus datos. Con el plan Pro de Humata, puedes hacer consultas ilimitadas en múltiples documentos a la vez. Humata AI está diseñado para ayudarle a trabajar de forma más inteligente y aprender más rápido.

- *GESTIÓN, CATEGORIZACIÓN DE CONTENIDOS
- **Ingerir AI**
- https://ingestai.io/
-
- Ingest AI es una herramienta de análisis y categorización de contenidos basada en inteligencia artificial. La IA de Ingest AI es capaz de analizar grandes cantidades de texto, imágenes y vídeos y categorizarlos según su contenido y significado. Esto ayuda a las empresas y a los creadores de contenidos a organizar y gestionar su material de forma más eficiente.

- *GESTIÓN, SELECCIÓN DE RECURSOS HUMANOS
- **Fobizz**
- https://tools.fobizz.com/
-
- Fobizz es una plataforma que ofrece varias herramientas basadas en IA para la gestión de recursos humanos y la selección de personal. Fobizz ayuda a evaluar e identificar a los mejores candidatos para puestos de trabajo mediante algoritmos de

inteligencia artificial que analizan los currículos y evalúan las aptitudes de los candidatos.

• *ASISTENTE VIRTUAL

• **Nivel AI**
• https://latentlabs.art/
•
• Level AI es un avanzado sistema de asistencia virtual basado en inteligencia artificial, que proporciona respuestas inteligentes y apoyo a preguntas y tareas comunes. Con capacidades de aprendizaje automático, Level AI se adapta a las necesidades del usuario y ofrece soluciones rápidas y precisas.

• *OPTIMIZACIÓN DE LOS PROCESOS DE CONTRATACIÓN

• **Yuma**
• https://yuma.ai/
•
• Yuma es una herramienta basada en inteligencia artificial que ayuda a las empresas a optimizar sus procesos de contratación. La IA de Yuma analiza los currículos de los candidatos y proporciona una evaluación de su potencial, habilidades y adecuación al puesto. Esto permite a las empresas identificar a los candidatos más adecuados con mayor rapidez y eficacia, reduciendo el tiempo y los recursos dedicados a los procesos de selección.

• *EDICIÓN DE DOCUMENTOS

• **Carácter de copia**

- https://copychar.cc/
-
- Copiar carácter es una herramienta práctica y útil que te permite copiar y pegar fácilmente caracteres y símbolos especiales en cualquier documento o aplicación. Con una amplia selección de caracteres disponibles, Copy Character hace que sea rápido y fácil enriquecer sus textos con símbolos únicos, ahorrándole un valioso tiempo en la búsqueda de caracteres especiales. Sólo tienes que seleccionar el carácter deseado y copiarlo con un solo clic, lo que agiliza y facilita la incorporación de elementos gráficos especiales a tus proyectos. Copy Character es una herramienta indispensable para cualquiera que necesite utilizar símbolos y caracteres especiales en sus comunicaciones y proyectos gráficos.

- *ORGANIZACIÓN, TRABAJO EN EQUIPO
- **Notion**
- https://www.notion.so/
-
- Notion es una plataforma de espacio de trabajo que pretende ayudar a las personas y a los equipos a trabajar mejor y más rápido consolidando todo su trabajo en un solo lugar. Ofrece diversas herramientas, como wikis, documentos y funciones de gestión de proyectos, así como un asistente basado en inteligencia artificial. Notion también permite a los usuarios personalizar su espacio de trabajo mediante la creación de etiquetas y propietarios personalizados.
- La plataforma es adecuada para equipos de todos los tamaños y funciones, desde start-ups hasta grandes

empresas, y ofrece soluciones para uso corporativo, de pequeñas empresas y personal. Notion cuenta con una vibrante comunidad que produce contenidos y organiza cursos y eventos en todo el mundo. Ofrecen una versión de prueba gratuita para que los usuarios puedan probar la plataforma antes de contratar un plan de pago.

- En general, Notion se compromete a proporcionar un entorno de trabajo conectado en el que se trabaje mejor y más rápido.

- *PRESENTACIONES

- **Powerpresent AI**
- https://powerpresent.ai
-
- Powerpresent AI es una herramienta de presentación basada en inteligencia artificial. Esta herramienta ofrece funciones avanzadas para crear presentaciones atractivas optimizando la estructura, el contenido y el aspecto de las diapositivas de forma inteligente.

- *ORGANIZACIÓN DIGITAL DEL TRABAJO

-

- **GoHighLevel**
- https://www.gohighlevel.com/
-
- Go High Level ofrece todo lo que necesitas para resolver los problemas de tu agencia digital en un solo lugar. Con el apoyo de su comunidad, aprenderás las mejores estrategias que los vendedores digitales más exitosos están utilizando para hacer mucho dinero en línea. Con su completa plataforma de marketing y

ventas, podrás tener todas tus herramientas en un solo lugar (y ahorrar mucho dinero también) y agilizar todo el proceso de entrega para que puedas centrarte en mantener a tus clientes satisfechos. Go High Level te ayudará a hacer crecer tu agencia poniéndote en contacto con los propietarios de agencias con más éxito del mundo, que podrán ayudarte a cerrar más acuerdos u ofrecerte más servicios. Ofrecen una prueba gratuita de 14 días para que los usuarios puedan probar la plataforma antes de comprometerse con un plan de pago.

• *CREACIÓN DE CONTENIDOS

- **Embra**
- https://embra.app/
-
- Embra es una herramienta de creación de contenidos basada en inteligencia artificial. Esta herramienta ofrece sugerencias creativas, ideas de contenido e inspiración para escribir, diseñar y crear contenidos visuales y textuales atractivos. Es especialmente útil para creadores de contenidos, redactores, diseñadores gráficos y gestores de redes sociales que deseen estimular su creatividad y crear contenidos de calidad.

• *CREACIÓN DE CONTENIDOS

- **En posición**
- https://poised.com/
-
- Poised es una revolucionaria plataforma basada en inteligencia artificial que ofrece soluciones de creación y diseño de contenidos. A través de su potente motor

de IA, Poised es capaz de generar contenidos creativos, atractivos y personalizados para diferentes propósitos y plataformas. Los usuarios pueden aprovechar esta plataforma para crear contenidos únicos, como texto, imágenes, gráficos y mucho más, sin necesidad de ser un experto en diseño. Poised ofrece una amplia gama de plantillas y estilos que se adaptan a las necesidades y preferencias de cada usuario, permitiéndole crear contenidos profesionales y atractivos con facilidad.

- *REANUDAR LA CREACIÓN
- **Creador de currículos**
- https://resumemaker.online/
-
- Resume Maker es una herramienta basada en inteligencia artificial para crear currículos profesionales. Esta herramienta ofrece plantillas de currículos y consejos para ayudar a los usuarios a crear currículos atractivos y personalizados en unos pocos pasos. Es útil para quienes buscan empleo o desean actualizar sus currículos para tener mejores oportunidades profesionales.

- *OPTIMIZACIÓN CURRICULAR
- **Rezi**
- https://rezi.ai/
-
- Rezi es una IA de optimización del currículum vitae (CV) que permite a los usuarios crear rápidamente un CV personalizado de alta calidad. Con Rezi, los usuarios pueden introducir su información, experiencia

laboral y habilidades y la herramienta utiliza algoritmos de inteligencia artificial para formatear automáticamente el CV de manera profesional y atractiva. Además, Rezi ofrece sugerencias y consejos para mejorar el contenido del CV y aumentar las probabilidades de éxito en la búsqueda de empleo. Es una herramienta indispensable para cualquiera que busque trabajo y desee crear un CV profesional e impactante.

- * CREACIÓN DE CONTENIDOS

- **Jasper AI**
- https://www.jasper.ai/
-
- Jasper AI ofrece a las empresas una herramienta de creación de contenidos impulsada por IA para ayudarles a mantener una voz de marca coherente en todas las plataformas. Ofrecen una serie de productos, como una extensión para navegador, un chatbot y una API, que permiten a las empresas integrar Jasper en sus plataformas existentes. Jasper también ofrece una serie de funciones empresariales, como una biblioteca de plantillas y traducción de idiomas para ayudar a las empresas a satisfacer sus necesidades técnicas. Ofrecen formación y asistencia a través de un blog, sesiones de preguntas y respuestas en directo y una comunidad de más de 100.000 creadores, profesionales del marketing y propietarios de empresas. Jasper también ofrece una serie de herramientas de colaboración y funciones de seguridad para garantizar que las empresas puedan trabajar juntas de forma eficaz y, al mismo tiempo, mantener sus datos seguros. Ofrecen una versión de

prueba gratuita y varios planes de precios para satisfacer las necesidades de empresas de todos los tamaños.

- * REUNIÓN CON EL ASISTENTE VIRTUAL
- **MeetGeek**
- https://meetgeek.ai/
-
- MeetGeek ayuda a la gente a sacar el máximo partido de sus reuniones. Ofrece un asistente de reuniones basado en IA que puede grabar, transcribir, resumir y compartir los puntos principales de cada reunión. El sitio web ofrece funciones como resúmenes generados por IA, grabación y transcripción automáticas y detección de palabras clave. También permite a los usuarios almacenar todas las notas de la reunión en una ubicación única, segura y con capacidad de búsqueda. MeetGeek está diseñado para diferentes equipos y funciones, como equipos de ventas, recursos humanos, ejecutivos de nivel C, éxito de clientes y marketing. Ofrece integraciones con herramientas populares como Google Calendar, Microsoft Outlook, Trello y Slack. Tienen una versión de prueba gratuita y planes de pago, y prometen ayudar a los usuarios a maximizar el valor de sus reuniones y aumentar la productividad.

- * AUTOMATIZAR EL TRABAJO EN GOOGLE SHEET
- **Hoja AI**
- https://www.sheetai.app/
-

- Sheet AI ofrece una serie de funciones basadas en inteligencia artificial para ayudarle a automatizar tareas y generar información en sus Hojas de cálculo de Google. Con Sheet AI, puedes limpiar datos fácilmente, generar texto, predecir valores y mucho más. Ofrece tutoriales en vídeo y tutoriales paso a paso para ayudarte a empezar. Ofrece tres funciones principales: SHEETAI BRAIN, SHEETAI LIST y SHEETAI FILL. SHEETAI BRAIN simplifica la redacción de textos memorizando y recuperando la información esencial. SHEETAI LIST genera varias respuestas generadas por la IA entre las que elegir, ofreciéndote diferentes soluciones y perspectivas. SHEETAI FILL le ayuda a compilar fácilmente descripciones de productos, limpiar listas de correo electrónico, generar datos de prueba y mucho más con el poder de la Inteligencia Artificial. Sheet AI también ofrece consejos y recursos para resolver cualquier problema que pueda encontrar. En general, Sheet AI es una potente herramienta que puede ayudarte a mejorar tu experiencia con Google Sheets y a ahorrar tiempo en tareas repetitivas.

- *GESTIÓN DE RECURSOS HUMANOS

- **BHuman**
- https://bhuman.ai/
-
- BHuman es una plataforma de inteligencia artificial que permite a las empresas automatizar y optimizar las actividades de gestión de recursos humanos. Con BHuman, las empresas pueden utilizar la IA para mejorar el proceso de selección de candidatos, gestionar el flujo de trabajo de los empleados, supervisar el rendimiento y mucho más. La plataforma

ofrece análisis avanzados y capacidades predictivas que les permiten identificar a los mejores candidatos para un puesto determinado, identificar tendencias en absentismo y rotación, y tomar decisiones informadas basadas en datos. BHuman ayuda a las empresas a ahorrar tiempo y recursos en la gestión de recursos humanos, lo que les permite centrarse en actividades más estratégicas y de mayor valor añadido.

- *GUÍAS DE CREACIÓN (a partir de procesos largos)
- **Escribano Cómo**
- https://scribehow.com/
-
- Scribe How ayuda a la gente a ahorrar tiempo convirtiendo cualquier proceso en una guía paso a paso. Genera guías paso a paso mientras trabajas y se las proporciona a tu equipo antes de que puedan preguntar "¿Cómo se hace otra vez?". Ofrece soluciones para diferentes funciones, como Operaciones, Equipo de Contacto con el Cliente, Operaciones de Ventas y Habilitación, RRHH y L&D y Equipo de TI. También ofrece soluciones para diferentes casos de uso, como la formación de miembros del equipo, la documentación de procesos, la formación de clientes, la implantación de herramientas y la integración de nuevas contrataciones.
- Scribe graba cualquier proceso y genera automáticamente una guía sobre cómo hacerlo, con capturas de pantalla, instrucciones y clics. Los usuarios pueden personalizar y compartir fácilmente su guía con cualquier persona y en cualquier lugar. Ofrece

una versión de prueba gratuita y ha ayudado a cientos de miles de equipos a ahorrar tiempo.

• *Optimización del correo con CRM

- **Streak - CRM para Gmail**
- https://www.streak.com/
-
- Streak es una eficaz herramienta CRM integrada directamente en Gmail. Optimiza la gestión del correo electrónico y los contactos, permitiendo a los usuarios organizar y supervisar fácilmente sus clientes potenciales, negociaciones e interacciones con los clientes. Con Streak, los usuarios pueden gestionar su canal de ventas y mejorar la comunicación sin salir de su bandeja de entrada.

• *REDACCIÓN DEL CURRÍCULUM

- **Profesionalízamelo**
- https://professionalizeitto.me/
-
- Professionalize it to me es una herramienta de inteligencia artificial para mejorar la redacción y el formato de currículos y perfiles profesionales. Con la ayuda de Professionalize it to me, los usuarios pueden crear documentos de presentación profesionales y atractivos para mejorar sus oportunidades laborales.

• *MATEMÁTICAS, CÁLCULOS

- **MathWay**
- https://mathway.com/
-

- Mathway es una herramienta matemática avanzada que ofrece cálculos y soluciones instantáneas para una amplia gama de problemas matemáticos. Con Mathway, los usuarios pueden resolver ecuaciones, calcular límites, integrar, derivar y mucho más, simplemente introduciendo los problemas en el campo de búsqueda. Esta herramienta es un poderoso aliado para estudiantes, profesores y profesionales que trabajan con problemas matemáticos complejos. Mathway está equipado con un potente y preciso motor de cálculo que garantiza resultados exactos y fiables. Con Mathway, ya no tendrás que preocuparte por cálculos complejos o problemas matemáticos difíciles; tu asistente personal de matemáticas está a sólo un clic de distancia.

- *ADQUISICIÓN DE PLOMO

- **Recibir correos electrónicos**
- https://retention.com/get-a-demo/
-

- Get Emails es una herramienta de captación de clientes potenciales basada en inteligencia artificial. Esta herramienta ayuda a las empresas a encontrar y obtener información de contacto precisa de clientes potenciales. Mediante algoritmos avanzados, Get Emails busca e identifica los correos electrónicos de los principales responsables de la toma de decisiones dentro de las empresas, lo que ayuda a los usuarios a crear listas de contactos específicas para sus estrategias de marketing y ventas.

- *ESTRATEGIAS, APOYO A LA PUESTA EN MARCHA

- **Fundador Assist**

- https://founder.snipin.com/login/

-

- Founder Assist es una herramienta basada en inteligencia artificial para apoyar a emprendedores y fundadores de start-ups. Esta herramienta proporciona recursos, consejos y estrategias para la gestión empresarial, la planificación de estrategias de crecimiento y mucho más. Es útil para emprendedores que desean guiar el crecimiento y el éxito de sus start-ups de forma eficiente y estratégica.

- *PROTECCIÓN, PRIVACIDAD CONTENIDO

- **D-ID**
- https://d-id.com/

-

- D-ID es una herramienta de protección de la privacidad basada en inteligencia artificial. Esta herramienta ofrece soluciones para proteger imágenes y vídeos de los riesgos de manipulación y abuso. Es útil para empresas y particulares que deseen proteger su identidad y privacidad en línea.

- *GESTIÓN, CREACIÓN DE CONTENIDOS

- **CSM**
- https://csm.ai/

-

- CSM, acrónimo de Content Management System, es una potente herramienta basada en IA y diseñada para simplificar la creación, organización y gestión de contenidos digitales. Con CSM, los usuarios pueden cargar, editar y organizar fácilmente textos, imágenes, vídeos y otros elementos multimedia. Mediante algoritmos de aprendizaje automático y análisis del lenguaje natural, CSM puede sugerir etiquetas y metadatos adecuados para optimizar la búsqueda y el descubrimiento de contenidos. Es una solución versátil para blogueros, editores, agencias de marketing y cualquier otra empresa o profesional que gestione una gran cantidad de contenidos en línea.

- *ALMACENAMIENTO EN LA NUBE, COMPARTIR

- **Mega NZ**
- https://mega.nz/
-
- Mega NZ es un servicio de almacenamiento y compartición de archivos en la nube conocido por su avanzada seguridad y privacidad. Con el objetivo de proporcionar un entorno seguro a los usuarios, Mega NZ ofrece encriptación de extremo a extremo para todos los datos cargados, garantizando que sólo los usuarios autorizados puedan acceder y ver los archivos. Los usuarios pueden sincronizar, almacenar y compartir archivos de cualquier tamaño a través de enlaces generados automáticamente. Mega NZ es utilizado por particulares, empresas y profesionales de todo el mundo para proteger y compartir sus datos de forma segura y fiable.

- *ORGANIZACIÓN, GESTIÓN DE PROYECTOS

- **Workhub**
- https://workhub.ai/
-

- Workhub es una plataforma de gestión de proyectos basada en inteligencia artificial que ayuda a las empresas a organizar, gestionar y supervisar sus proyectos de forma eficaz. La IA de Workhub proporciona herramientas de planificación, colaboración y seguimiento que ayudan a los equipos a trabajar de forma más eficiente y productiva.

-

  - *PLANIFICACIÓN, GESTIÓN DE ACTIVIDADES

- **Lista de amapolas**
- https://poppylist.com/

-

- Poppy List es una aplicación de planificación y gestión de tareas basada en inteligencia artificial. Con Poppy List, los usuarios pueden crear listas de tareas pendientes, recibir sugerencias y recordatorios, y gestionar sus compromisos de forma organizada. Es una herramienta útil para aumentar la productividad y mantenerse organizado en la vida diaria y en el trabajo.

  - *PRESENTACIONES, DISEÑO, GRÁFICOS

- **TOME**
- https://beta.tome.app/

-

- TOME es una herramienta de diseño gráfico basada en inteligencia artificial que permite a los usuarios crear composiciones y diseños llamativos. La IA de TOME ofrece sugerencias e ideas creativas para el diseño de logotipos, gráficos, folletos y mucho más. Es una aplicación útil para diseñadores y creadores que quieran inspirarse y mejorar sus habilidades de diseño.

- *CREACIÓN DE CONTENIDOS

- **Publicar AI**
- https://postai.pro/
-

- Post AI es una herramienta de creación de contenidos basada en IA que ofrece ayuda para escribir artículos, entradas de blog y mucho más. Gracias a su capacidad para generar contenidos precisos e informativos, Post AI es un valioso recurso para editores, blogueros y profesionales del marketing.

- *TRABAJO EN EQUIPO, GESTIÓN DE PROYECTOS

- **Banco de trabajo**
- https://linguix.com/ https://linguix.com/ https://mgrworkbench.ai/
-

- Workbench es una IA que ofrece servicios avanzados de gestión de proyectos y coordinación del trabajo en equipo. Con Workbench, los usuarios pueden organizar y gestionar proyectos complejos, asignar tareas y supervisar el progreso del trabajo en tiempo real. La herramienta utiliza algoritmos de inteligencia artificial para planificar y optimizar las tareas, garantizando una alta eficiencia y productividad para todo el equipo. Además, Workbench ofrece funciones de análisis y elaboración de informes, lo que permite a los usuarios evaluar el rendimiento del equipo e identificar posibles mejoras. Es una herramienta esencial para directivos, empresarios y profesionales de la empresa que quieran gestionar sus proyectos con mayor eficacia y precisión.

- *ENVÍO DE NOTAS CIFRADAS

- **Privnote**
- https://privnote.com/
-
- Privnote es una IA de mensajería segura que ofrece servicios para enviar y recibir notas cifradas. Con Privnote, los usuarios pueden enviar notas y mensajes confidenciales y sensibles que se autodestruyen tras su lectura, lo que garantiza que el contenido siga siendo privado y no pueda ser leído por terceros. La herramienta utiliza algoritmos de cifrado avanzados para proteger los datos y garantizar la seguridad de las comunicaciones. Además, Privnote ofrece funciones de personalización de las notas y opciones de caducidad, lo que permite a los usuarios controlar totalmente la privacidad de sus comunicaciones. Es una herramienta indispensable para cualquiera que desee proteger la confidencialidad de su información y comunicaciones en línea.

- *DIRECCIONES DE CORREO ELECTRÓNICO TEMPORALES

- **Correo de 10 minutos**
- https://10minutemail.com/
-
- 10 Minute Mail es un servicio que proporciona una dirección de correo electrónico temporal durante 10 minutos, útil para registrarse en sitios web o servicios sin compartir una dirección de correo electrónico personal. Transcurridos 10 minutos, la dirección de correo electrónico temporal se autodestruye,

protegiendo la privacidad del usuario. Esta herramienta es especialmente útil para evitar el spam o para proteger la identidad en línea en situaciones en las que el usuario no desea compartir su dirección de correo electrónico personal.

- *GESTIÓN DE OBJETIVOS PERSONALES

- **Stickk**
- https://stickk.com/
-
- Stickk es una aplicación basada en inteligencia artificial para gestionar objetivos y alcanzar retos personales. Los usuarios pueden establecer objetivos específicos y comprometerse a alcanzarlos mediante el "Contrato de compromiso Stickk". La aplicación también ofrece apoyo motivacional e incentivos para ayudar a los usuarios a mantenerse centrados y responsables de sus objetivos.

- *GESTIÓN DE NOTIFICACIONES + ANÁLISIS

- **Obtener notificación**
- https://getnotify.com/
-
- Get Notify es una herramienta de supervisión de notificaciones basada en inteligencia artificial. Con capacidades avanzadas de análisis de datos, la aplicación rastrea y analiza notificaciones de diversas fuentes, como redes sociales, correo electrónico y más. Los usuarios reciben notificaciones en tiempo real sobre actividades y eventos importantes, lo que les permite mantenerse informados y reaccionar con rapidez.

- *ASISTENTE VIRTUAL

- **AskNow**
- https://asknow.ai/
-
- AskNow es su asistente virtual, siempre disponible para ofrecerle respuestas rápidas y fiables a sus preguntas. Gracias a su avanzada inteligencia artificial, AskNow es capaz de entender el contexto de tus peticiones y proporcionarte información detallada y precisa sobre una amplia gama de temas. Tanto si necesitas noticias frescas, condiciones meteorológicas, cálculos matemáticos o sugerencias de recetas, AskNow tiene la respuesta adecuada para ti. Con una interfaz sencilla e intuitiva, puedes interactuar con AskNow mediante comandos de voz o de texto, lo que hace que la experiencia sea aún más personalizada y fácil de usar.

- *ASISTENTE DE VOZ

- **Pregúntale**
- https://askthee.vercel.app/
-
- Ask Thee es un asistente de voz basado en inteligencia artificial, fiable y versátil, diseñado para simplificar tu vida diaria. Esta aplicación te ofrece una amplia gama de funciones, desde obtener noticias actualizadas, información meteorológica, cálculos matemáticos e incluso consejos de cocina. Su interfaz de fácil manejo te permite interactuar con Ask Thee mediante comandos de voz, ofreciéndote una experiencia manos libres. Tanto si estás de viaje como si simplemente

estás en casa, Ask Thee siempre estará ahí para
responder a tus preguntas y satisfacer tu curiosidad,
haciendo que tu día esté más informado y organizado.

9. VÍDEO

* *CREACIÓN DE VÍDEO

* **EnVideo**
* https://invideo.io/
*
* InVideo ayuda a crear vídeos de alta calidad de forma
rápida y sencilla. Ofrecen más de 5.000 plantillas para
cualquier caso de uso, que pueden personalizarse con
sencillas acciones de arrastrar y soltar. Además,
cuentan con herramientas de inteligencia artificial que
pueden convertir guiones, artículos o blogs en vídeos
en cuestión de minutos. Los usuarios también pueden
acceder a 8 millones de activos multimedia desde el
mismo editor, añadir gráficos personalizados y
colaborar con su equipo en los vídeos. InVideo
pretende ayudar a los usuarios a hacer crecer su
marca preparándoles para el éxito en las redes
sociales, convirtiendo el vídeo en un activo rentable y
ahorrando tiempo y agilizando el flujo de trabajo.
También ofrecen una aplicación móvil para editar
sobre la marcha, así como asistencia humana 24 horas
al día, 7 días a la semana, y más de 500 tutoriales paso
a paso. InVideo ofrece varios planes de precios,
incluida una opción gratuita.

- *CREACIÓN DE VÍDEO

- **Cubierta**
- https://coverr.co/
-

- Coverr es una aplicación basada en inteligencia artificial para crear vídeos y presentaciones. Los usuarios pueden acceder a una gran colección de videoclips de alta calidad para utilizarlos como fondos en sus proyectos. Con funciones avanzadas de edición y personalización, Coverr ofrece la posibilidad de crear vídeos profesionales y atractivos de forma rápida y eficaz.

- *CREACIÓN DE VÍDEO

- **QuickVid AI**
- https://quickvid.ai/
-

- QuickVid AI es una plataforma avanzada de creación de vídeo que utiliza la Inteligencia Artificial para simplificar el proceso de edición de vídeo. Con funciones de recorte automático, corrección del color y optimización de la imagen, QuickVid AI ayuda a los usuarios a producir vídeos de alta calidad con rapidez y eficacia.

- *TRANSFORMACIÓN DE VÍDEO

- **Televisión de los 90**
- https://my90stv.com/
-

- 90s TV es una IA de generación de vídeos que transforma los vídeos modernos en un estilo retro de los 90. Con 90s TV, los usuarios pueden subir sus vídeos y aplicarles efectos gráficos, transiciones y filtros inspirados en los 90 para conseguir un aspecto vintage y nostálgico. La herramienta utiliza algoritmos de inteligencia artificial para analizar el vídeo y aplicar automáticamente los efectos adecuados para recrear la estética de los 90. Es perfecta para creadores de contenidos, cineastas y entusiastas del estilo vintage que quieran dar un toque retro a sus vídeos y revivir la magia de antaño.

- *PRESENTACIONES EN VÍDEO

- **Airgram**
- https://airgram.io/
-
- Airgram es una herramienta de creación de presentaciones y vídeos basada en inteligencia artificial. Esta herramienta ofrece funciones de edición y montaje para crear contenidos visuales atractivos. Es útil para profesionales del marketing, formadores y creadores de contenidos que quieran producir presentaciones y vídeos de alta calidad.

- *EDITAR VIDEO

- **Wonder Dynamics**
- https://wonderdynamics.com/
-
- Wonder Dynamics es una potente herramienta de postproducción de vídeo basada en inteligencia artificial. Permite a los usuarios añadir efectos

especiales, animaciones y mejoras a los vídeos para hacerlos más atractivos. Las funciones basadas en inteligencia artificial de Wonder Dynamics automatizan tareas que normalmente requerirían edición manual, ahorrando tiempo y esfuerzo a los productores y editores de vídeo. Con Wonder Dynamics, los usuarios pueden aumentar la calidad y la creatividad de sus contenidos de vídeo.

- *TRANSFORMA TEXTO A VÍDEO
- **Victoria**
- https://pictory.ai/
-
- Pictory ayuda a la gente a crear vídeos a partir de texto y contenidos largos de forma rápida y sencilla. Utiliza la inteligencia artificial (IA) para extraer automáticamente "pepitas de oro" de las grabaciones y convertirlas en vídeos cortos personalizados. También puede convertir entradas de blog en vídeos, añadir subtítulos a los vídeos y crear cartas de venta en vídeo de alta conversión. Entre los usuarios de Pictory se encuentran creadores de YouTube, profesionales del marketing, gestores de redes sociales, agencias, blogueros, creadores de cursos y entrenadores. Pictory ahorra tiempo y abre nuevas oportunidades a las empresas al permitirles crear vídeos en cuestión de minutos en lugar de horas. Empezar es gratis y los usuarios también pueden acceder a recursos como clases magistrales de vídeo marketing, casos prácticos y una comunidad de creadores.

- *EDICIÓN, OPTIMIZACIÓN DE VÍDEO

- **Vídeo de Deepbrain**
- https://deepbrain.io/
-
- Deepbrain Video es una herramienta de procesamiento de vídeo basada en inteligencia artificial. Esta herramienta ofrece funciones avanzadas de edición, análisis y optimización de vídeo. Es útil para creadores de contenidos, editores de vídeo y productores que deseen mejorar la calidad y el aspecto de sus vídeos con fines profesionales o creativos.

- *EDITAR VIDEO

- **Brancher.ai**
- https://brancher.ai/
-
- Brancher.ai es una herramienta de edición de vídeo basada en inteligencia artificial que ofrece funciones avanzadas para editar y mejorar vídeos. La IA de Brancher.ai permite a los usuarios aplicar efectos especiales, transiciones, títulos y mucho más para crear vídeos atractivos y de alta calidad. Es un gran recurso para realizadores de vídeos y creadores de contenidos que quieran llevar sus vídeos al siguiente nivel.

- * CONVIERTE TEXTO EN VÍDEO

- **Fliki**
- https://fliki.ai/
-

• Fliki ayuda a convertir texto en vídeo. Utiliza voces de Inteligencia Artificial (IA) para crear vídeos a partir de guiones o artículos de blog en sólo dos minutos. El software ofrece voces realistas de texto a voz en 75 idiomas y dialectos diferentes, así como una amplia biblioteca multimedia con millones de imágenes y vídeos. Más de 350.000 creadores de contenidos de empresas como Google y Unilever confían en Fliki, con una puntuación media de satisfacción de 4,8/5 en más de 500 opiniones en TrustPilot, G2 y AppSumo. También ofrece casos de uso y herramientas para convertir blogs en vídeos, convertir texto en voz, doblaje, creación de vídeos, clonación de voz, podcasts, audiolibros y convertir tuits en vídeos. Los usuarios pueden utilizar el software gratis de por vida y actualizarlo a medida que crecen.

• *EDITAR VIDEO

• **Regie**
• https://regie.ai/
•

• Regie es una herramienta de inteligencia artificial que ofrece funciones avanzadas de edición de vídeo. Los usuarios pueden utilizar Regie para cortar, editar y mejorar sus vídeos, añadir efectos especiales y transiciones, e incluso crear animaciones 3D. Esta herramienta es ideal para creadores de contenidos, cineastas y diseñadores que quieran conseguir resultados de alta calidad en la edición de vídeo. Con una amplia gama de funciones y una sencilla interfaz de usuario, Regie ofrece un entorno de edición de vídeo intuitivo y potente para satisfacer las necesidades de todos los creadores de contenidos de vídeo.

- *CREACIÓN DE VÍDEOS, ANIMACIÓN....

- **Bosque Renderizado**
- https://renderforest.com/
-
- Render Forest es una plataforma completa para crear vídeos, animaciones, maquetas, logotipos, presentaciones y gráficos para redes sociales de alta calidad. Con una amplia variedad de plantillas y herramientas de personalización, Render Forest ofrece soluciones para diferentes necesidades de marketing y comunicación, permitiendo a los usuarios crear contenidos profesionales sin necesidad de conocimientos avanzados de edición de vídeo.

- *CREACIÓN DE CONTENIDOS DE VÍDEO

- **Maestre**
- https://maester.app/
-
- Maester es una herramienta de inteligencia artificial dedicada a la creación de contenidos de vídeo de alta calidad. Los usuarios pueden utilizar Maester para crear vídeos promocionales, tutoriales, presentaciones y mucho más. Con funciones avanzadas de edición de vídeo y plantillas predefinidas para distintos tipos de contenido, Maester simplifica el proceso de creación de vídeos y permite obtener resultados profesionales sin necesidad de conocimientos técnicos avanzados.

- *EDITAR VIDEO

- **Wisecut**
- https://wisecut.video/
-
- Wisecut es una IA de edición de vídeo que simplifica y acelera el proceso de edición y producción de vídeo. Con Wisecut, los usuarios pueden subir su material de vídeo y la herramienta utiliza algoritmos de inteligencia artificial para analizar el contenido y sugerir cortes, transiciones, efectos y mejoras para crear un vídeo final de alta calidad. Es perfecta para creadores de contenidos, videastas y editores de vídeo que quieran optimizar su flujo de trabajo y conseguir resultados profesionales sin tener que pasar horas editando manualmente.

- * CREA VÍDEOS A PARTIR DE MÚSICA

- **Specterr**
- https://specterr.com
-
- Specterr ayuda a los músicos a crear visualizadores musicales personalizados y vídeos con letras para promocionar su música en plataformas de redes sociales como YouTube y TikTok. Ofrece una gran variedad de visualizadores preestablecidos que se pueden personalizar ampliamente para adaptarlos a la marca del artista. El motor de animación patentado de Specterr renderiza todos los vídeos en la nube, lo que reduce el tiempo de exportación de horas a minutos y garantiza exportaciones fluidas. También ofrece espacio de almacenamiento ilimitado para los vídeos exportados, a los que se puede acceder desde

cualquier lugar sin límites de descarga. Specterr subraya la importancia de publicar vídeos en plataformas de medios sociales para llegar a un público más amplio y aumentar la interacción. El vídeo es el contenido más atractivo de las redes sociales y es más probable que los usuarios se detengan a ver una publicación cuando un vídeo capta su atención. Specterr también sugiere que publicar vídeos legitima la marca de un artista y lo distingue de los meros fans. Specterr ofrece una prueba gratuita y diferentes planes de precios para sus servicios.

- *CREACIÓN, EDICIÓN DE VÍDEO
- **Vídeo Wave**
- https://wave.video/
-
- Wave.video ayuda a crear y editar vídeos. Dispone de herramientas para retransmitir en directo, grabar y editar vídeos. Los usuarios pueden elegir entre una gran variedad de plantillas y recursos de stock para crear sus vídeos. También ofrece herramientas para el marketing en vídeo, como la conversión de texto a vídeo y la creación de vídeos para plataformas de redes sociales como Facebook e Instagram. Wave.video también ofrece una biblioteca de vídeos, imágenes y pistas de audio de stock para elegir. El sitio web es fácil de usar y ofrece registro gratuito.

- *CREACIÓN DE CONTENIDOS DE VÍDEO Y AUDIO
- **Curipod**
- https://curipod.com/
-

• Curipod es una herramienta basada en inteligencia artificial para la creación de contenidos de audio y vídeo al estilo podcast. Esta herramienta ofrece funciones de edición y montaje para crear contenidos audiovisuales atractivos y profesionales. Es útil para creadores de podcasts, narradores y productores de contenidos que quieran crear producciones de alta calidad para su audiencia.

• *EXTRACCIÓN DE FRAGMENTOS DE VÍDEO

• **Obtener Munch**

• https://www.getmunch.com/

•

• Get Munch es una plataforma que ayuda a marcas, gestores de redes sociales, agencias de medios, profesionales del marketing digital y creadores de contenidos a sacar el máximo partido de sus contenidos de larga duración. La plataforma utiliza inteligencia artificial de vanguardia y análisis de marketing para extraer los fragmentos más atractivos, populares e impactantes de los vídeos de larga duración. También proporciona a los usuarios información sobre el rendimiento de sus contenidos y les ayuda a crear campañas más eficaces y específicas. Munch también dispone de un editor de vídeo con funciones como la generación automática de subtítulos, el recorte inteligente de la relación de aspecto y la generación de palabras clave. Esto permite a los usuarios centrarse más en los aspectos creativos de su negocio y menos en la parte técnica del marketing en redes sociales. Con Munch, los usuarios pueden maximizar sus ingresos, ahorrar tiempo y energía y dirigirse a públicos específicos que tienen más probabilidades de interactuar con sus contenidos.

• *CREACIÓN DE VÍDEOS Y PODCASTS

• **Describa**
• https://www.descript.com/
•
• Descript ayuda a crear vídeos y podcasts. Ofrece múltiples herramientas para escribir, grabar, editar, colaborar y compartir. Puedes utilizarlo para editar vídeo y audio, transcribir y crear clips con plantillas y subtítulos. Descript es fácil de usar y ofrece un plan gratuito para empezar. También tiene planes de pago a partir de 12 dólares al mes para funciones adicionales. Descript es utilizado por muchos equipos y ha recibido excelentes críticas. El sitio web también ofrece recursos como un blog, ayuda y soporte, y una lista de cambios en el producto. Descript es una herramienta excelente para cualquiera que quiera crear vídeos y podcasts.

• *CREACIÓN DE VÍDEO

• **Promo**
• https://promo.com/
•
• Promo es una herramienta avanzada de creación de vídeos basada en IA y diseñada para ayudar a empresas y creadores de contenidos a crear vídeos promocionales de alta calidad. Gracias a su tecnología de IA, Promo ofrece una amplia biblioteca de plantillas, música e imágenes, lo que permite a los usuarios crear vídeos atractivos y llamativos con facilidad. Esta

herramienta es ideal para las empresas que deseen promocionar sus productos o servicios con vídeos profesionales, ya que ofrece una opción asequible para crear contenidos visuales de alta calidad. Con la posibilidad de personalizar los vídeos y adaptarlos a tus necesidades, Promo es un poderoso aliado para quienes buscan llegar a un público más amplio y promocionar sus contenidos de forma eficaz.

- *EDITAR VIDEO

- **CapCut**
- https://capcut.com/
-
- CapCut es una aplicación de edición de vídeo potente e intuitiva, ideal para crear contenidos atractivos para las redes sociales y mucho más. Ofrece funciones avanzadas de edición, efectos especiales y transiciones, que permiten a los usuarios expresar libremente su creatividad y transformar los vídeos en obras maestras visuales. La amplia gama de herramientas de edición de CapCut permite cortar, unir, añadir texto, música de fondo y efectos especiales, creando vídeos únicos y profesionales. La sencilla interfaz de usuario hace que la edición de vídeo sea accesible incluso para principiantes, mientras que las funciones avanzadas satisfacen las necesidades de los editores más experimentados.

- *PANTALLA DE INSCRIPCIÓN para VIDEO CURSOS

- **Telar**
- https://loom.com/
-

- Loom es una aplicación basada en inteligencia artificial que te permite grabar y compartir vídeos de tus presentaciones, demostraciones y tutoriales. Con Loom, puedes grabar fácilmente la pantalla de tu ordenador o tu webcam y añadir comentarios de voz para explicar el contenido. Gracias a sus avanzados algoritmos, Loom te ofrece herramientas de edición para recortar y mejorar tus vídeos antes de compartirlos con tu audiencia. Es una herramienta esencial para cualquiera que desee comunicarse de forma eficaz y atractiva a través del vídeo.

- *CREACIÓN, EDICIÓN DE VÍDEO
- **Nova AI**
- https://app.wearenova.ai/
-
- Nova A.I. es una plataforma de edición de vídeo en línea que ofrece una serie de herramientas para crear fácilmente vídeos de alta calidad. Proporcionan una gran variedad de funciones, como herramientas de edición de vídeo, herramientas de audio y herramientas de redes sociales, para ayudar a los usuarios a crear vídeos para diferentes fines. La plataforma ofrece una serie de herramientas de edición de vídeo como cortar vídeo, acortar vídeo, unir vídeo, recortar vídeo, recortar YouTube, recortar TikTok y creador automático de clips. Los usuarios también pueden añadir texto, imágenes y emoji a sus vídeos y utilizar efectos básicos como filtros de vídeo, transiciones de vídeo y elementos de vídeo. La plataforma también ofrece herramientas de audio, como editor de audio y vídeo, añadir audio al vídeo, añadir música al vídeo, fusionar audio y cortar audio. Nova A.I. proporciona una serie

de herramientas de medios sociales para crear vídeos para diferentes plataformas como Facebook, Instagram, TikTok, Twitter, Linkedin y YouTube. También ofrecen herramientas de aprendizaje como vídeos instructivos y vídeos explicativos. Nova A.I. es completamente online y no requiere instalación. La plataforma es fácil de usar y ofrece formación tanto para grandes estudios de producción como para creadores de contenidos cotidianos.

- *EDITAR VIDEO

- **FlexClip**
- https://flexclip.com/
-
- FlexClip es una plataforma flexible de edición de vídeo que satisface diversas necesidades, desde el marketing de marca hasta las campañas en redes sociales. Con una interfaz intuitiva, los usuarios pueden crear y editar fácilmente vídeos de alta calidad, añadir texto, imágenes y efectos, lo que la convierte en una herramienta inestimable para creadores de contenidos y empresas que buscan mejorar su narrativa visual.

- *CREACIÓN DE VÍDEO

- **Soofy**
- https://soofy.io/
-
- Soofy es una herramienta de creación de vídeo rápida e intuitiva que ofrece plantillas de vídeo personalizables para promociones, presentaciones y mucho más. Con Soofy, puedes crear vídeos atractivos y profesionales sin necesidad de ser un experto en

edición. Sólo tienes que seleccionar la plantilla deseada, cargar el contenido, añadir texto y editar los elementos a tu gusto. Soofy ofrece una amplia gama de plantillas que se adaptan a diferentes necesidades y estilos, permitiendo a los usuarios crear vídeos únicos y atractivos. Es una herramienta perfecta para pequeñas empresas, profesionales del marketing y creadores de contenidos que quieran crear vídeos de alta calidad de forma rápida y sencilla.

• *IMÁGENES, VÍDEO

- **Stock de drones**
- https://dronestock.com/
-
- Drone Stock es un valioso recurso para encontrar vídeos y fotos aéreas de alta calidad. Con una amplia biblioteca de contenidos, Drone Stock ofrece una impresionante selección de imágenes y vídeos de drones, ideales para mejorar proyectos creativos y promocionales. Las imágenes aéreas pueden utilizarse para captar vistas impresionantes, lugares históricos, paisajes naturales y mucho más. Los vídeos aéreos, por su parte, son perfectos para crear escenas dinámicas y atractivas adecuadas para diversos tipos de contenido, como vídeos promocionales, anuncios y mucho más. Drone Stock ofrece una amplia variedad de contenidos, lo que permite a los usuarios encontrar la imagen o el vídeo perfecto para cada necesidad.

• * CREACIÓN DE VÍDEOS
•

- **Tella**

- https://www.tella.tv/
-
- Tella ayuda a la gente a crear vídeos de forma fácil y rápida. Ofrece una herramienta de grabación de pantalla que permite a los usuarios crear demostraciones, tutoriales y cursos para sus clientes. Con Tella, los usuarios también pueden promocionar sus proyectos en las redes sociales e interactuar con su comunidad. Tella ofrece funciones como subtítulos automáticos, fondos sorprendentes y efectos de zoom. También permite a los usuarios grabar vídeos en clips separados, lo que facilita la edición. Tella es muy apreciada por sus creadores y ha recibido comentarios positivos de sus clientes. Se puede utilizar en Chrome, Slack y Mac y ofrece una prueba gratuita de 7 días. Tella es una herramienta excelente para cualquiera que quiera crear vídeos de alta calidad sin comprometer la velocidad ni la creatividad.

- * CREACIÓN DE VÍDEOS CON ACTORES A.I.
- **Colosyan**
- https://www.colossyan.com/
-
- Colossyan Creator ayuda a crear vídeos con actores AI. Ofrece diversas funciones, como texto de vídeo, grabación de pantalla, traducciones automáticas, asistente de guión AI y actores personalizados. También ofrece una selección de actores para elegir, así como diferentes idiomas y acentos. Ofrecen tres planes, incluido uno gratuito. El plan gratuito incluye cinco minutos de creación de vídeo, dos actores premium y el idioma inglés. El plan Básico incluye doce actores premium, más de 70 idiomas, seis escenas por

vídeo, plantillas de vídeo AI, imágenes y vídeos de stock y personalización de los colores de fondo. El plan Pro incluye todos los actores premium de Colossyan, más de 70 idiomas, más de 25 escenas por vídeo, plantillas de vídeo AI personalizadas, imágenes y vídeos de stock, carga de tus propias imágenes y vídeos, personalización de los colores de fondo, grabación de pantalla in-app, subtítulos de vídeo, alojamiento de vídeo, importación de PPT, PDF o artículos de blog, relación de aspecto 16:9, 9:16 y 1:1, sin marcas de agua y licencia comercial completa. También ofrecen estudios de casos, entradas de blog y contactos de asistencia.

- *CREACIÓN DE VÍDEO
- **Synthesia**
- https://www.synthesia.io/
-
- Synthesia es una plataforma de creación de vídeo con inteligencia artificial que ayuda a crear vídeos de forma rápida y sencilla. También es adecuada para principiantes, con una interfaz intuitiva y sin necesidad de conocimientos previos de edición de vídeo. Ofrece multitud de funciones, como más de 85 avatares de inteligencia artificial diferentes, más de 120 idiomas y acentos, y más de 55 plantillas predefinidas. También incorpora un grabador de pantalla y una biblioteca multimedia. Más de 40 000 equipos de formación, asistencia y marketing utilizan Synthesia para transformar documentos aburridos, PowerPoint y PDF en atractivos vídeos de formación, instrucciones o marketing de productos. Está clasificada como la plataforma de creación de vídeos de inteligencia

artificial número uno, con 4 millones de vídeos creados y clientes que ahorran hasta un 80% de su tiempo y presupuesto. Los usuarios pueden crear un vídeo de inteligencia artificial gratuito sin necesidad de tarjeta de crédito, o reservar una demostración para hablar de su caso de uso del vídeo.

•

• *EDITAR VIDEO

• **Flixier**
• https://flixier.com/
•
• Flixier es una plataforma basada en inteligencia artificial para la edición de vídeo en línea. Gracias a sus potentes algoritmos de procesamiento de vídeo, Flixier te permite editar y mejorar tus vídeos con facilidad y rapidez. Puedes cortar y unir clips de vídeo, añadir transiciones, efectos especiales, títulos y mucho más. Gracias a las funciones de colaboración en tiempo real, puedes trabajar en proyectos de edición de vídeo junto con otros miembros de tu equipo, estén donde estén. Flixier es una herramienta esencial para cualquiera que necesite una experiencia de edición de vídeo profesional y práctica, directamente desde el navegador.

• *EDITAR VIDEO

• **Veedhttps**
• https://veed.io/
•
• Veed es una potente plataforma basada en inteligencia artificial para la edición de vídeo en línea. Con una amplia gama de funciones, Veed le permite editar y

mejorar sus vídeos de forma rápida e intuitiva. Puedes cortar y unir clips de vídeo, añadir transiciones, texto, efectos especiales y mucho más. Con la ayuda de sus avanzados algoritmos, Veed te ofrece funciones de mejora automática del color, el sonido y la estabilización del vídeo. Es una herramienta esencial para creadores de contenidos, editores de vídeo y cualquiera que quiera hacer sus vídeos más atractivos y profesionales.

- *VIDEOMENSAJES

- **Wisio**
- https://wisio.app/
-
- Wisio es una herramienta de aprendizaje basada en inteligencia artificial que ofrece la oportunidad de recibir mensajes de vídeo personalizados de profesionales y famosos. Los usuarios pueden solicitar mensajes personalizados sobre temas concretos o enviar preguntas para recibir consejos y sugerencias personalizados. Wisio es ideal para quienes desean conectar con sus personalidades favoritas y recibir consejos personalizados para inspirarse, motivarse y mucho más.

- *EDITOR VIDEO

- **EnVideo**
- https://invideo.io/
-
- InVideo es un editor de vídeo en línea que permite a los usuarios crear vídeos llamativos y profesionales sin necesidad de conocimientos técnicos avanzados. Con

una amplia biblioteca de plantillas predefinidas, gráficos y música de fondo, los usuarios pueden crear fácilmente vídeos promocionales, anuncios, tutoriales y mucho más. Se trata de una herramienta indispensable para creadores de contenidos, profesionales del marketing y emprendedores que deseen aprovechar el poder del marketing en vídeo.

• *DESCARGAR VÍDEO

• **SnapTik**

• https://snaptik.app/

•

• SnapTik es una aplicación basada en inteligencia artificial que permite descargar y convertir vídeos de plataformas de redes sociales como TikTok. Con SnapTik, puedes copiar la URL de un vídeo de TikTok y convertirlo a varios formatos, incluidos MP4 y MP3. Esto te permite guardar tus vídeos favoritos en tu dispositivo y reproducirlos sin conexión. SnapTik es una herramienta ideal para las personas a las que les gusta compartir y almacenar vídeos de TikTok y quieren tener acceso a sus contenidos favoritos en cualquier momento y lugar.

10. ESCRITURA

• *ESCRITURA, COPYWRITING

•

• **Copiar AI**

• https://www.copy.ai/

-
- Copy Al ofrece a los usuarios una herramienta que les ayuda a redactar contenidos más rápidamente. Está dotada de inteligencia artificial (IA) y puede generar contenidos en una fracción del tiempo que llevaría escribirlos manualmente. Se puede utilizar para escribir correos electrónicos, artículos de blog, publicaciones en redes sociales, textos para anuncios digitales, textos para sitios web y mucho más. Además, ofrece más de 90 herramientas y plantillas para optimizar la producción de contenidos. También cuenta con un editor para ayudar a los usuarios a refinar y perfeccionar sus contenidos. Copy Al también ofrece tutoriales y una comunidad para ayudar a los usuarios a aprovechar al máximo su experiencia. Registrarse y utilizar el servicio es gratuito y no se necesita tarjeta de crédito.

- *ESCRITURA

- **tinta para todos**
- **https://inkforall.com/**
-
- INK For All es un asistente de escritura Al que ayuda a los usuarios a crear contenidos de alta calidad. Utiliza inteligencia artificial para ofrecer sugerencias de redacción y ayudar a los usuarios a mejorar la estructura, claridad y gramática de sus textos.

- *ESCRIBIR GUIONES DE CINE Y VÍDEO

- **Oscar**
- https://oscarstories.com/
-

170

- Oscar es una herramienta de generación de guiones basada en inteligencia artificial. Esta herramienta ofrece asistencia en la escritura de guiones para películas y vídeos, ayudando a los creadores de contenidos a desarrollar historias atractivas y creativas. Es útil para directores, guionistas y cineastas que quieran dar vida a sus ideas a través de un guión bien estructurado y original.

- *EDICIÓN DE TEXTO

- **ReadiBot**
- https://readibo.ai/
-
- ReadiBot es una herramienta de edición de textos basada en inteligencia artificial que ayuda a escritores y editores a mejorar la gramática, el estilo y la coherencia de los textos. Con capacidades de corrección automática, ReadiBot detecta y corrige errores ortográficos y gramaticales, proporcionando sugerencias para hacer el texto más claro y legible. Esta herramienta es un valioso asistente para escritores, periodistas y estudiantes que deseen mejorar la calidad de sus escritos y conseguir un resultado profesional.

- *ASISTENTE DE REDACCIÓN

- **Sintonía de palabras**
- https://wordtune.com/
-
- Word Tune es un asistente de escritura basado en IA que ayuda a reescribir frases y párrafos para mejorar la claridad y expresividad del texto. Con sugerencias de

reescritura en tiempo real, Word Tune ayuda a que el texto sea más eficaz y atractivo. Basta con introducir un texto o una frase en la herramienta, y Word Tune ofrecerá varias alternativas de reescritura para enriquecer el contenido. Esta herramienta es ideal para cualquiera que desee mejorar la calidad y fluidez de sus textos, ya sea con fines personales o profesionales.

- *ESCRITURA
- **Superprompts**
- https://superprompts.com/
-
- Superprompts es una herramienta de escritura basada en inteligencia artificial. Proporciona a los escritores una amplia gama de ideas creativas para inspirar su escritura. Los usuarios pueden generar fácilmente nuevas ideas para historias, artículos, poemas y mucho más, haciendo que el proceso creativo sea más fluido y emocionante. Super prompts utiliza algoritmos avanzados para ofrecer sugerencias relevantes e interesantes, ayudando a los escritores a superar el bloqueo y explorar nuevos territorios creativos.

- * CREACIÓN DE CONTENIDOS ESCRITOS
-
- **WriteSonic**
- https://writesonic.com/
-
- Writesonic es un creador de contenidos basado en IA que ayuda a vendedores, blogueros, autónomos y emprendedores a crear contenidos de alta calidad de

forma rápida y sencilla. Incluye funciones como un escritor automático de artículos y blogs basado en IA, una herramienta de paráfrasis, un expansor de texto, un resumidor de artículos, descripciones de productos, integración SEO, anuncios de Facebook, anuncios de Google, páginas de destino, ideas de artículos basadas en IA y mucho más. También puedes utilizarlo para generar imágenes a partir de texto y crear impresionantes elementos visuales para tus campañas de marketing. Además, Writesonic incluye potentes herramientas de edición que pueden ayudarte a refinar tus contenidos. Lo utilizan más de 1 millón de personas y ha recibido más de 10.000 reseñas de 5 estrellas. Puedes empezar de forma gratuita y empezar a escribir contenido optimizado para SEO y libre de plagios en muy poco tiempo.

• *ESCRITURA

• **HyperWrite**

• https://hyperwriteai.com/

•

• HyperWrite es una plataforma de escritura automatizada basada en inteligencia artificial. Con HyperWrite, los usuarios pueden generar fácilmente contenidos escritos de alta calidad en cuestión de segundos. Basta con introducir una breve descripción o una frase inicial, y el potente motor de inteligencia artificial de HyperWrite procesará el texto para crear un artículo completo, una descripción de producto, un post en redes sociales y mucho más. Los usuarios pueden elegir entre varias opciones de estilo y tono para adaptar el contenido a sus necesidades y a su público. HyperWrite es ideal para vendedores, redactores y blogueros que quieren ahorrar tiempo en la redacción de contenidos de calidad sin tener que sacrificar la creatividad y la originalidad.

- *ESCRITURA CREATIVA

- **Escritor Cyborg**
- https://cyborg.tenso.rs/
-

- Cyborg Writer es una aplicación de escritura basada en inteligencia artificial que ayuda a autores y creadores de contenidos a generar texto de forma eficiente y creativa. La IA de Cyborg Writer es capaz de sugerir frases, completar párrafos y generar contenidos basándose en las preferencias del usuario. Es una herramienta útil para aumentar la productividad y mejorar la calidad de los textos escritos.

- *ESCRITURA CREATIVA

- **Póngase mágico**
- https://getmagical.com
-

- Get Magical es una herramienta de generación de texto basada en inteligencia artificial que proporciona sugerencias creativas y escritura inspirada, útil para escritores, creadores de contenidos y cualquiera que necesite una fuente de ideas.

- *ESCRIBIR CARTAS

- **Escríbame una carta de presentación**
- https://writemeacoverletter.com/
-

- Write Me a Cover Letter es un generador de cartas de presentación basado en inteligencia artificial. Con algoritmos avanzados de aprendizaje automático, la aplicación crea cartas de presentación personalizadas y convincentes para candidatos a un puesto de trabajo y oportunidades profesionales. Los usuarios pueden introducir sus datos y preferencias, y la aplicación generará automáticamente una carta de presentación profesional y bien estructurada.

- *ESCRITURA CREATIVA

- **Rytr**
- https://rytr.me/
-
- Rytr es una herramienta avanzada de generación de texto basada en inteligencia artificial que ayuda a crear contenidos de alta calidad y escritura creativa para blogs, artículos y mucho más.

- *GENERACIÓN DE TEXTO

- **Tipo de letra**
- https://typeface.ai/
-
- Typeface es una herramienta de generación de texto creativo basada en inteligencia artificial. Esta herramienta ofrece varias opciones de escritura, estilos y fuentes para crear contenidos visuales llamativos. Es especialmente útil para diseñadores gráficos, editores y creadores de contenidos que quieran expresar su creatividad y dar un toque único a sus proyectos.

- *CREACIÓN DE CONTENIDOS ESCRITOS

- **Yoodli**
- https://app.yoodli.ai/
-
- Yoodli es una IA de generación de contenidos escritos que permite a los usuarios crear textos, artículos y contenidos escritos de forma rápida y sencilla. Con Yoodli, los usuarios pueden introducir el tema o tópico deseado y la herramienta utiliza algoritmos de inteligencia artificial para generar automáticamente textos bien escritos y coherentes. Es una herramienta ideal para creadores de contenidos, escritores y blogueros que deseen ahorrar tiempo en la creación de contenidos escritos originales y de calidad. Yoodli ofrece una forma innovadora y rentable de obtener un texto escrito profesionalmente sin tener que escribir manualmente cada palabra.

  - * DESCRIPCIÓN DE LOS PRODUCTOS A LA VENTA EN AMAZON
    -

- **Mono copiador**
- https://copymonkey.ai/
-
- CopyMonkey ayuda a los vendedores de Amazon a optimizar las descripciones de sus productos utilizando tecnología de inteligencia artificial (IA). El objetivo principal del sitio web es generar listados y descripciones optimizados para palabras clave para los listados de Amazon en cuestión de segundos, ayudando a los vendedores a posicionarse orgánicamente en la primera página de los resultados de búsqueda. El sitio web ofrece un Generador de

listados de Amazon y un Generador de descripciones de productos que utilizan algoritmos de inteligencia artificial para sugerir palabras clave relevantes y potenciales en función de los datos de la competencia y la frecuencia de búsqueda. El sitio web también promete optimizar continuamente los listados y sugerir mejoras basadas en los resultados de ventas. CopyMonkey es una alternativa económica a la contratación de un redactor y ofrece una versión de prueba gratuita para que los usuarios prueben el servicio. El sitio web está disponible en inglés y ruso y ofrece recursos como un blog y un programa de afiliados. En general, CopyMonkey pretende simplificar el proceso de optimización de los anuncios de Amazon para los vendedores utilizando tecnología de inteligencia artificial.

• *GENERACIÓN DE TEXTO

• **TextoGPT**
• https://textgpt.net/
•
• TextGPT es una herramienta de generación de texto basada en inteligencia artificial que te permite crear contenido escrito de forma rápida y sencilla. Con TextGPT, puedes generar artículos, publicaciones en redes sociales, correos electrónicos y mucho más. Sólo tienes que escribir el texto o las palabras clave que deseas incluir en tu contenido, y TextGPT creará automáticamente un texto coherente y bien escrito. Es una herramienta útil para escritores, creadores de contenido y cualquiera que necesite generar texto rápidamente y sin esfuerzo. Con TextGPT, podrá ahorrar un tiempo valioso en la redacción de sus

contenidos y concentrarse en otras tareas más importantes.

• *ESCRITURA

• Al escritor

• https://ai-writer.com/

•

• AI Writer es una herramienta de redacción basada en inteligencia artificial que ayuda a los usuarios a generar contenidos de alta calidad de forma rápida y eficaz. Esta herramienta utiliza algoritmos avanzados para analizar textos y producir nuevos contenidos basados en el estilo y el tono deseados. Los usuarios pueden utilizar AI Writer para crear artículos, blogs, posts en redes sociales y mucho más, ahorrando tiempo y esfuerzo en la escritura manual. La herramienta es especialmente útil para escritores autónomos, profesionales del marketing y empresarios que necesitan generar contenidos con frecuencia. AI Writer también ofrece funciones de edición y optimización para mejorar aún más la calidad de los textos producidos.

• *ESCRIBIR TEXTOS

• Mighty GPT

• https://mightygpt.com/

•

• Mighty GPT es una IA basada en GPT (Generative Pre-trained Transformer) que ofrece servicios avanzados de generación y redacción de textos. Con Mighty GPT, los usuarios pueden generar textos creativos, artículos, descripciones y mucho más, utilizando modelos lingüísticos avanzados y potentes. La herramienta ofrece capacidades de adaptación y personalización del lenguaje, lo que permite a los usuarios crear contenidos adaptados a su público y necesidades. Es una herramienta inestimable para escritores, creadores de contenidos y profesionales del marketing que deseen optimizar la producción de textos atractivos y de alta calidad.

• * REDACCIÓN DE E-MAILS

• **Warmbox**
• https://www.warmbox.ai/
•
• Warmbox ayuda a las personas a optimizar sus buzones de correo para aumentar la capacidad de entrega. Para ello, envía automáticamente correos electrónicos desde el buzón del usuario e interactúa con ellos como lo haría una persona real. También utiliza una red privada de más de 35.000 buzones para aumentar la reputación de los correos electrónicos del usuario. El servicio está disponible para los principales proveedores de correo electrónico, como Gmail, Outlook, Yahoo, iCloud y AOL, entre otros. También ofrece un análisis y seguimiento detallados de la reputación de la bandeja de entrada del usuario. Con Warmbox, los usuarios pueden enviar correos electrónicos fríos sin preocuparse de que acaben en la carpeta de spam y pueden aumentar sus posibilidades de llegar a sus contactos y hacer más negocios.

• *CORRECCIÓN GRAMATICAL

• **Gramara**
• https://gramara.com/

-

- Gramara es una herramienta de corrección gramatical y ortográfica basada en inteligencia artificial. Esta herramienta analiza el texto escrito en busca de errores gramaticales, faltas de ortografía y sugerencias de redacción para mejorar la claridad y la coherencia. Gramara es útil para escritores, estudiantes, editores y profesionales que deseen crear textos impecables y sin errores.

- *CREACIÓN DE CONTENIDOS ESCRITOS

- **Contenido**

- _____

-

- Contents es una herramienta basada en IA que permite crear contenidos escritos de forma rápida e intuitiva. Con capacidades de generación automática de contenidos, Contents le permite producir artículos, posts y textos creativos en cuestión de momentos, sin tener que escribir manualmente cada palabra. Esta herramienta es especialmente útil para creadores de contenidos, blogueros y profesionales del marketing que desean producir una gran cantidad de contenidos de forma rápida y eficaz. Con Contents, puede ahorrar un tiempo valioso en la creación de contenidos y concentrarse en su estrategia de marketing y comunicación.

- *ESCRITURA

- **Escribe AI**

- https://writey.ai/

-

- Write AI es una herramienta de escritura basada en inteligencia artificial que ayuda a los usuarios a generar contenidos escritos de forma rápida y sencilla. Con Write AI, los usuarios pueden obtener indicaciones de escritura, generar párrafos y artículos completos sobre una amplia gama de temas y estilos. Esta herramienta es especialmente útil para blogueros, escritores y profesionales del marketing que quieran ahorrar tiempo en la creación de contenidos escritos de calidad. Write AI también ofrece funciones de edición y corrección automáticas para garantizar que el contenido generado sea preciso y no contenga errores.

- *ESCRIBIR ARTÍCULOS
- **Artículo Forja**
- https://articleforge.com/
-
- Article Forge es una potente herramienta de creación de contenidos basada en IA y diseñada para simplificar el proceso de redacción de artículos únicos y de alta calidad. Utilizando tecnologías avanzadas de aprendizaje automático y análisis del lenguaje natural, Article Forge es capaz de generar contenidos bien escritos y optimizados para SEO sobre cualquier tema deseado. Con la función de búsqueda de palabras clave integrada, los usuarios pueden encontrar rápidamente palabras clave relevantes para su contenido, mejorando la visibilidad en los motores de búsqueda y atrayendo más tráfico a su sitio web. Article Forge es una solución ideal para blogueros, editores en línea y profesionales del marketing que deseen crear contenidos de alta calidad de forma eficaz y rentable.

- *ESCRITURA CREATIVA
- **Varita AI**
- https://wand.ai/
-

- Wand AI es una herramienta de creación de contenidos basada en inteligencia artificial que ayuda a generar escritos creativos y atractivos. Con algoritmos de generación de lenguaje, Wand AI es útil para escritores, blogueros y profesionales del marketing que quieran crear contenidos atractivos y de alta calidad.

- *CREACIÓN DE TEXTO
- **Artículo fiesta**
- https://articlefiesta.com/
-

- Article fiesta es una herramienta avanzada de generación de texto basada en inteligencia artificial que ayuda a crear artículos, contenidos y blogs de alta calidad. Con una amplia gama de temas y estilos de redacción, los usuarios pueden obtener contenidos originales y atractivos para sus necesidades. El algoritmo de Article fiesta analiza el contexto y crea textos únicos, optimizados para SEO, que pueden utilizarse para sitios web, campañas de marketing y mucho más.

-

- *SINÓNIMOS
- **Encontrar palabras**
- https://words.empathy.com/
-

- Finding words es una herramienta de búsqueda y sugerencia de palabras basada en inteligencia artificial que ayuda a escritores y creativos a encontrar sinónimos, antónimos y palabras relacionadas para enriquecer su vocabulario y mejorar la calidad de los textos. Con una extensa base de datos de palabras y tecnología de aprendizaje automático, Finding words ofrece sugerencias relevantes y contextuales, ayudando a los usuarios a comunicarse de forma más eficaz y atractiva.

- *ESCRIBIR TEXTOS

- **Promethean**
- https://prometheanai.com/
-
- Promethean es una IA de generación de contenidos escritos que permite a los usuarios crear textos, artículos y contenidos escritos de forma rápida y sencilla. Con Promethean, los usuarios pueden introducir el tema o tópico deseado y la herramienta utiliza algoritmos de inteligencia artificial para generar automáticamente textos bien escritos y coherentes. Es una herramienta ideal para creadores de contenidos, escritores y blogueros que deseen ahorrar tiempo en la creación de contenidos escritos originales y de calidad. Promethean ofrece una forma innovadora y rentable de obtener un texto escrito profesionalmente sin tener que escribir manualmente cada palabra.

- *MAIL

- **Duradero**

- https://durable.co/
-
- Durable es una herramienta de última generación para crear plantillas de correo electrónico de alta calidad y con capacidad de respuesta. Con una amplia selección de plantillas personalizables, Durable ayuda a crear correos electrónicos atractivos y profesionales para campañas de marketing y comunicaciones corporativas. Los usuarios pueden elegir entre una gran variedad de plantillas creativas, añadir texto, imágenes, botones y enlaces personalizados y enviar correos electrónicos personalizados y llamativos. Las plantillas de Durable están diseñadas para adaptarse a diferentes dispositivos y pantallas, garantizando que los correos electrónicos se vean perfectamente en ordenadores, tabletas y smartphones. Con Durable, crear correos electrónicos atractivos y profesionales es fácil y rápido, lo que permite a las empresas comunicarse eficazmente con su público.

- *EDICIÓN DE TEXTO
- **Roshi**
- https://roshi.ai/
-
- Roshi es una herramienta de edición y corrección de textos basada en IA que ofrece consejos de escritura, corrección gramatical y optimización de textos. Es útil para escritores, autores y profesionales del sector que quieran perfeccionar su escritura.

- *CREA Y REESCRIBE CONTENIDOS
- **Palabra Ai**

- https://wordai.com/
-

- Word Ai es una herramienta de inteligencia artificial que ayuda a crear y reescribir contenidos. Utiliza modelos avanzados de aprendizaje automático para proporcionar una reescritura de alta calidad, indistinguible de los contenidos escritos por humanos. Es capaz de reestructurar completamente las frases, añadir palabras clave LSI para que cada reescritura sea más única y esté optimizada para un mejor posicionamiento, crear cientos de formas distintas de expresar las mismas ideas y corregir errores ortográficos y gramaticales. También ayuda a que la escritura sea más clara y concisa y puede dividir las frases de forma natural. Word Ai puede ayudarle a elaborar calendarios de contenidos, diversificar los textos de marketing y mejorar las estrategias de contenidos en una fracción del tiempo que le llevaría hacerlo de otro modo. Además, ofrece una garantía de devolución del dinero de 30 días.

- *ESCRITURA , GUIÓN

- **Shuffll**
- https://shuffll.com/
-

- Shuffil es una herramienta de generación creativa basada en inteligencia artificial que ofrece sugerencias para escribir y crear contenidos de vídeo atractivos. Con funciones de generación de texto y narración, Shuffil estimula la creatividad de los usuarios proporcionándoles ideas, argumentos e inspiración para escribir historias, guiones y mucho más. Esta herramienta es ideal para escritores, directores y creadores de contenidos que quieran superar el bloqueo del escritor y obtener ideas frescas y originales para sus proyectos.

• *ASISTENTE DE REDACCIÓN

- **Journeai**
- https://journeai.com/
-
- Journeai es un asistente de redacción basado en inteligencia artificial que ayuda a generar contenidos atractivos y de alta calidad. Con sugerencias de redacción en tiempo real, Journeai hace que el proceso de escritura sea más eficiente y productivo. Basta con introducir un texto o una frase en la herramienta, y Journeai ofrecerá varias alternativas para enriquecer el contenido, corregir errores gramaticales y mejorar la estructura del texto. Esta herramienta es útil para escritores, blogueros, periodistas y cualquier persona que necesite producir contenidos de calidad de forma rápida y precisa. Journeai utiliza inteligencia artificial para comprender el contexto y ofrecer sugerencias relevantes, lo que la convierte en una herramienta fiable y eficaz para mejorar la escritura y aumentar la productividad.

• *SINÓNIMOS

- **Mejores sinónimos**
- https://bettersynonyms.com/
-
- Better Synonyms es una herramienta de sugerencia de sinónimos basada en inteligencia artificial que ayuda a

escritores y editores a mejorar la variedad y calidad del lenguaje utilizado en sus textos. Con una amplia colección de palabras y significados, Better Synonyms ofrece alternativas y variantes lingüísticas para enriquecer el vocabulario y hacer que los textos sean más expresivos y atractivos. Esta herramienta es muy apreciada por escritores, estudiantes y profesionales que desean evitar repeticiones y mejorar el estilo de sus contenidos.

• *ESCRIBIENDO HISTORIAS

• **Haz mi cuento**
• https://makemytale.com/
•
• Make my tale es una herramienta creativa basada en IA que ayuda a escribir historias atractivas y originales. Los usuarios pueden proporcionar cierta información básica y la IA generará una historia completa, enriquecida con detalles y argumentos convincentes.

• *ESCRIBIR CARTAS

• **Futuro yo**
• https://futureme.org/
•
• Future Me es una herramienta de escritura de cartas al futuro, en la que los usuarios pueden escribirse mensajes a sí mismos y recibirlos en una fecha futura. Una forma única y significativa de reflexionar sobre las aspiraciones y metas personales.

• *CREACIÓN DE PLANTILLAS DE CORREO ELECTRÓNICO

- **Stripo Email**
- https://stripo.email/
-
- Stripo.email es un sitio web que ayuda a crear plantillas de correo electrónico de forma fácil y rápida. Ofrece un editor de arrastrar y soltar y un editor HTML para que los usuarios diseñen sus correos electrónicos. Los usuarios también pueden elegir entre una variedad de formularios predefinidos y bloques de contenido para simplificar el proceso. Stripo.email permite a los usuarios exportar sus correos electrónicos a cualquier proveedor de servicios de correo electrónico (ESP) o CRM a través de Zapier o Webhook. También proporciona una función de prueba para mostrar vistas previas de cómo aparecerán los correos electrónicos en diferentes dispositivos. Stripo.email ofrece un plugin que se puede integrar en cualquier producto y los usuarios pueden invitar a sus colaboradores a trabajar juntos en plantillas de correo electrónico. El sitio web ofrece más de 1.300 plantillas de correo electrónico HTML gratuitas para distintos sectores y ocasiones. Los usuarios también pueden solicitar una plantilla personalizada diseñada por el equipo de Stripo.email. Stripo.email es compatible con la tecnología AMP for Email, que permite a los usuarios crear correos electrónicos interactivos similares a los de un sitio web. El sitio web ofrece un editor de prueba, un plugin, un constructor promocional de Gmail, un generador de kits de marca e integraciones con otras herramientas. Stripo.email es utilizado por muchas grandes empresas de todo el mundo, como Airbnb, Huawei y Microsoft.

- *REDACCIÓN DE ENSAYOS, INVESTIGACIÓN
- **Ensayos Ninja**
- https://ninjaessays.com/
-
- Ninja Essays es un servicio de escritura académica que ofrece asistencia en la producción de ensayos, trabajos de investigación y artículos académicos. Esta herramienta ofrece el apoyo de escritores y editores experimentados para producir contenidos de alta calidad. Es útil para estudiantes y académicos que necesitan ayuda para redactar trabajos académicos.

- *CORREO ELECTRÓNICO DE VENTA
- **Saleshandy**
- https://www.saleshandy.com/
-
- Saleshandy ayuda a las empresas a enviar correos electrónicos personalizados a clientes potenciales. Ofrece funciones como secuencias de correos electrónicos, seguimientos automáticos, preparación de correos electrónicos y seguimiento de correos electrónicos para ayudar a las empresas a llegar a más personas y obtener un alto índice de respuesta. Saleshandy también ofrece una herramienta de búsqueda que ayuda a las empresas a encontrar direcciones de correo electrónico en LinkedIn. El sitio web es adecuado para empresas de diversos sectores, como servicios informáticos, Saas y contratación. Saleshandy también ofrece un buzón unificado que ayuda a las empresas a gestionar todos sus buzones desde un solo lugar. Ofrecen una prueba gratuita de 7 días y diferentes planes de precios para satisfacer las

distintas necesidades de las empresas. Saleshandy cuenta con la confianza de grandes empresas de todo el mundo y es una solución completa para generar clientes potenciales por correo electrónico a clientes "fríos".

• *ESCRIBIR ARTÍCULOS, POSTS...

- **Artefacto**
- https://artifact.news/
-
- Artifact es un software de generación de contenidos que utiliza la Inteligencia Artificial para crear artículos, entradas de blog y contenidos escritos de forma eficiente y precisa. Es útil para ahorrar tiempo en la producción de contenidos y puede personalizarse según las necesidades específicas del usuario.

• *ESCRIBIR POESÍA

- **Romántico AI**
- https://romanticai.com
-
- Romantic AI es una potente herramienta basada en IA que ofrece ayuda para escribir poemas, cartas de amor y mensajes románticos. Con algoritmos avanzados de generación de lenguaje, Romantic AI puede ayudar a expresar sentimientos de forma poética y cautivadora.

• *ESCRITURA

- **Autor AI**
- https://authorai.org/
-

- Author AI es una herramienta de escritura asistida por inteligencia artificial que ayuda a los autores a escribir contenidos originales y atractivos. Los usuarios pueden obtener sugerencias y consejos para mejorar su escritura y crear contenidos de alta calidad. Es una herramienta valiosa para escritores, blogueros y creadores de contenidos que quieran mejorar su estilo de escritura y su voz.

- *EMAIL MARKETING

- **MailRush**
- https://mailrush.io/
-
- MailRush ofrece un servicio de software de marketing por correo electrónico para que las empresas automaticen sus campañas de marketing por correo electrónico B2B. Proporcionan una única solución de software para campañas de marketing por correo electrónico B2B que incluye un proveedor de servicios de correo electrónico y un software de automatización de correo electrónico. El servicio ofrece funciones como el calentamiento de correos electrónicos, la validación de correos electrónicos y el seguimiento de correos electrónicos. MailRush también proporciona un conjunto de indicadores de rendimiento para supervisar el éxito de las campañas de marketing. Requieren que los usuarios tengan un nombre de dominio y una dirección de correo electrónico registrados, y ofrecen una prueba gratuita de 14 días sin necesidad de tarjeta de crédito. También proporcionan un servicio de calentamiento del correo electrónico para mejorar su entrega y ofrecen opciones de IP compartida y dedicada. Son adecuados para

agencias de marketing digital, proveedores de servicios SaaS, estudios de animación, empresas de recursos humanos y selección de personal, empresas de comercio electrónico y organizaciones que deseen dar a conocer sus productos o servicios.

- *SERVICIO DE CORREO ELECTRÓNICO
- **Smartlead**
- https://www.smartlead.ai/
-

- Smartlead ayuda a las empresas a enviar correos electrónicos a las bandejas de entrada de sus clientes potenciales. Ofrece cuentas de remitente ilimitadas, personalización mediante inteligencia artificial y calentamiento del correo electrónico para ayudar a las empresas a centrarse en cerrar tratos. Smartlead también permite a las empresas agilizar el proceso de generación de prospectos conectando todas sus cuentas de correo electrónico y rotando los mensajes con un solo clic. Ayuda a las empresas a automatizar el seguimiento y cultivar conversaciones a escala en una bandeja de entrada central. Smarted también ofrece un enfoque multicanal, que permite a las empresas llegar a sus clientes potenciales por correo electrónico, SMS, Linkedin, Twitter y otros medios. También ofrece una opción de marca blanca, que permite a las empresas impresionar a sus clientes con una plataforma de correo electrónico de marca "creada sólo para ellos". Smartlead ofrece varias funciones, como la carga masiva de correo electrónico, la conexión DNS masiva y muchas otras funciones que hacen que el marketing por correo electrónico sea más eficiente y eficaz.

También ofrece una prueba gratuita de 14 días sin necesidad de tarjeta de crédito.

• *EMAIL

- **Stripo**
- https://stripo.email/
-
- Stripo es una plataforma de diseño de correo electrónico que simplifica el proceso de creación de plantillas de correo electrónico profesionales y atractivas. Con Stripo, los usuarios pueden elegir entre una amplia gama de plantillas predefinidas o crear sus propios diseños personalizados. La plataforma ofrece herramientas intuitivas de arrastrar y soltar para añadir fácilmente elementos como imágenes, texto, botones y mucho más. Además, Stripo ofrece una función de vista previa en tiempo real, que permite a los usuarios visualizar cómo se verá el correo electrónico en diferentes dispositivos antes de enviarlo. Esta herramienta es ideal para profesionales del marketing, el comercio electrónico y las pequeñas empresas que deseen crear mensajes de correo electrónico atractivos y de alta calidad para sus campañas de marketing. Con Stripo, crear correos electrónicos atractivos e impactantes se convierte en una experiencia fácil y agradable, que garantiza que las comunicaciones por correo electrónico tengan siempre un aspecto profesional y bien diseñado.

• *ESCRIBIR, PARAFRASEAR

- **Quillbot**
- https://quillbot.com/

-
- Quillbot es un asistente de escritura basado en inteligencia artificial que ayuda a los usuarios a crear mejores contenidos. Utiliza el procesamiento del lenguaje natural para ofrecer sugerencias útiles de escritura, completar textos automáticamente e incluso reescribir frases. Es especialmente útil para quienes tienen dificultades con la gramática y la estructura de la escritura. Quillbot también ofrece una opción de lenguaje informal, que permite enfoques más creativos de la escritura.

  - *GUÍAS DE CREACIÓN (a partir de procesos largos)
- **Escribano Cómo**
- https://scribehow.com/
-
- Scribe How ayuda a la gente a ahorrar tiempo convirtiendo cualquier proceso en una guía paso a paso. Genera guías paso a paso mientras trabajas y se las proporciona a tu equipo antes de que puedan preguntar "¿Cómo se hace otra vez?". Ofrece soluciones para diferentes funciones, como Operaciones, Equipo de Contacto con el Cliente, Operaciones de Ventas y Habilitación, RRHH y L&D y Equipo de TI. También ofrece soluciones para diferentes casos de uso, como la formación de miembros del equipo, la documentación de procesos, la formación de clientes, la implantación de herramientas y la integración de nuevas contrataciones.
- Scribe graba cualquier proceso y genera automáticamente una guía sobre cómo hacerlo, con capturas de pantalla, instrucciones y clics. Los

usuarios pueden personalizar y compartir fácilmente su guía con cualquier persona y en cualquier lugar. Ofrece una versión de prueba gratuita y ha ayudado a cientos de miles de equipos a ahorrar tiempo.

- *CONTROL DE LA PESTE, CONTENIDO
- **Originalidad AI**
- https://originality.ai/
-
- Originality AI es una herramienta puntera de detección de contenidos y control del plagio diseñada para editores y creadores de contenidos serios. Utilizando tecnología de IA, analiza exhaustivamente los contenidos escritos para garantizar su autenticidad y originalidad, ayudando a los usuarios a mantener los más altos estándares de integridad en su trabajo.

- *ASISTENTE DE REDACCIÓN
- **Grammarly**
- https://grammarly.com
-
- Grammarly es un asistente de escritura indispensable que simplifica el proceso de creación de contenidos claros y sin errores. Gracias a la inteligencia artificial, Grammarly ofrece sugerencias en tiempo real sobre gramática, puntuación y estilo, lo que garantiza que los usuarios puedan crear escritos pulidos e impactantes en múltiples plataformas.

- *GENERACIÓN AUTOMÁTICA DE TEXTO
- **Prompt Loop**

- https://promptloop.com/
-
- Prompt Loop es una herramienta de generación automática de texto basada en inteligencia artificial. Con la ayuda de Prompt Loop, los usuarios pueden obtener sugerencias e ideas creativas para escribir contenidos, artículos y mucho más.

- *CREACIÓN, GESTIÓN DE CONTENIDOS EDITORIALES

- **Letterdrop**
- https://letterdrop.com/
-
- Letterdrop es una plataforma que ofrece herramientas de creación y gestión de contenidos editoriales. Con una interfaz sencilla e intuitiva, Letterdrop permite a los usuarios escribir, dar formato y publicar contenidos de forma rápida y eficaz. El editor de texto avanzado ofrece una amplia gama de funciones para personalizar el diseño y el formato del contenido, garantizando un aspecto profesional para blogs, boletines o documentos. Además, Letterdrop ofrece herramientas de colaboración para el trabajo en equipo, permitiendo que varios usuarios contribuyan y revisen los contenidos. Con la posibilidad de programar la publicación de contenidos, Letterdrop facilita la gestión editorial.

- *ESCRITURA

- **Zevi**
- https://zevi.ai/
-

- Zevi es una potente herramienta basada en inteligencia artificial que ofrece funciones avanzadas de generación de texto. Con Zevi, los usuarios pueden crear contenidos escritos de alta calidad de forma rápida y sencilla. La herramienta utiliza algoritmos de aprendizaje automático para analizar y comprender el texto existente, proporcionando sugerencias y complementos inteligentes para ayudar a los usuarios a escribir de forma más eficaz y eficiente. Zevi es ideal para escritores, redactores, periodistas y cualquiera que desee mejorar su productividad y creatividad en la escritura.

- *ESCRITURA

- **CoolAlid**
- https://coolaiid.com/
-
- CoolAlid es una aplicación basada en inteligencia artificial que te ayuda a mejorar tu comunicación escrita y a escribir textos más eficaces. Con su avanzado motor de análisis del lenguaje natural, CoolAlid analiza tu texto y te ofrece sugerencias de redacción, incluyendo sinónimos, correcciones gramaticales y reescrituras para que tu texto sea más claro y atractivo. Puedes utilizar CoolAlid para mejorar tus correos electrónicos, documentos, publicaciones en redes sociales y mucho más. Gracias a las funciones avanzadas de revisión y análisis, puedes obtener comentarios detallados sobre tu estilo de escritura y aprender a comunicarte de forma más eficaz. Con CoolAlid, puedes mejorar tus habilidades de escritura y dejar una impresión positiva con tus mensajes y contenidos.

11. FOTOS

• *EDICIÓN DE FOTOS

- **Alterado**
- https://altered.ai/
-
- Altered es una herramienta de edición fotográfica basada en inteligencia artificial que permite a los usuarios aplicar filtros y ediciones avanzadas a sus imágenes. La IA de Altered ofrece una amplia gama de herramientas de edición, como filtros, retoques, ajustes de color y mucho más. Es una aplicación ideal para mejorar y transformar fotografías de forma creativa y profesional.

• *EDICIÓN DE FOTOS

- **Kwirk**
- https://kwirk.io/
-
- Kwirk es una aplicación de edición fotográfica con funciones avanzadas de Inteligencia Artificial para mejorar y optimizar imágenes de forma rápida y sencilla.

• *EDICIÓN DE FOTOS

- **Escalador de imágenes**
- https://imgupscaler.com/
-

- Image upscaler es una herramienta de mejora de imágenes basada en IA que permite aumentar la resolución y mejorar la calidad de las imágenes. Es ideal para fotógrafos, diseñadores y artistas que quieran conseguir imágenes más nítidas y detalladas.

- *EDICIÓN DE IMÁGENES

- **Mirage**
- https://mirageml.com/
-
- Mirage es una herramienta de inteligencia artificial que ofrece funciones avanzadas de edición y mejora de imágenes. Con Mirage, los usuarios pueden mejorar fácilmente la calidad de sus fotos, ajustar la exposición, la saturación, el contraste y aplicar filtros artísticos para conseguir resultados asombrosos. Esta herramienta es especialmente útil para fotógrafos, diseñadores y creadores de contenidos que quieran hacer sus imágenes más atractivas y profesionales.

- *CREACIÓN DE IMÁGENES

- **Vibración de píxeles**
- https://pixelvibe.com/
-
- Pixel Vibe es otra herramienta de inteligencia artificial que se centra en la creación de imágenes artísticas y visualmente atractivas. Los usuarios pueden subir sus imágenes y aplicarles una amplia gama de filtros y efectos para transformarlas en obras de arte únicas. Con funciones de edición intuitivas y una amplia biblioteca de efectos, Pixel Vibe ofrece infinitas

posibilidades creativas para quienes quieran expresar su visión artística.

• *RETRATOS FOTOGRÁFICOS

• **Headshot Pro**
• https://www.headshotpro.com/
•

• Headshot Pro ayuda a la gente a conseguir retratos profesionales para su empresa o equipo sin tener que hacer una sesión de fotos física. Utilizan tecnología de inteligencia artificial para generar retratos de alta calidad en diferentes estilos y fondos. Los usuarios pueden subir sus propias fotos y elegir su estilo preferido, y la inteligencia artificial del fotógrafo generará más de 120 retratos en cuestión de minutos.

• Ofrecen diferentes opciones de precios para particulares y equipos, a partir de 29 $ por persona. También tienen una sección de preguntas frecuentes para responder a preguntas comunes sobre su servicio. Han sido utilizados por más de 12.000 clientes y han recibido críticas positivas de usuarios satisfechos. En general, esta plataforma ofrece una forma fácil y asequible de obtener retratos profesionales para tu empresa o equipo.

•

• *EDICIÓN DE FOTOS

• **Magia**
• https://magickml.com/
•

• Magick es una herramienta de edición fotográfica basada en inteligencia artificial. Esta herramienta ofrece herramientas avanzadas para mejorar y transformar imágenes. Es útil para fotógrafos, diseñadores y aficionados a la fotografía que quieran mejorar la calidad y el aspecto de sus imágenes.

• *EDICIÓN DE IMÁGENES

• **Imager**

• https://imaiger.com/

•

• Imager es una herramienta de inteligencia artificial que te permite mejorar y editar profesionalmente tus imágenes digitales. Con su amplia gama de herramientas de retoque, Imager le permite ajustar el contraste, el brillo, el color y otros parámetros para lograr resultados perfectos. También puedes utilizar Imager para aplicar filtros artísticos, retocar imperfecciones de la imagen y crear efectos especiales. Es una herramienta ideal para fotógrafos, diseñadores y aficionados a la fotografía que deseen mejorar la calidad de sus imágenes y conseguir resultados visuales de gran calidad.

• *EDICIÓN DE FOTOS

• **Picsart**

• https://tools.picsart.com/

•

• PicsArt es una completa plataforma de edición y diseño fotográfico que ofrece una amplia gama de herramientas y funciones para editar y mejorar imágenes. Los usuarios pueden utilizar PicsArt para recortar, filtrar, retocar, añadir texto, efectos y mucho más a sus fotos. Esta herramienta es ideal para fotógrafos, diseñadores y creadores de contenidos que quieran crear imágenes llamativas y de alta calidad para sus proyectos. PicsArt también ofrece funciones de diseño gráfico, lo que permite a los usuarios crear collages, banners, portadas y gráficos personalizados. Con PicsArt, crear imágenes creativas y profesionales se convierte en una experiencia fácil y gratificante.

- *IMÁGENES DE PERFIL

- **Imagen de perfil AI**
- https://www.profilepicture.ai/
-

- Profile Picture AI es un generador de imágenes de perfil de inteligencia artificial (AI) que ayuda a las personas a crear imágenes de perfil perfectas para sus perfiles de redes sociales, tarjetas de visita y perfiles de citas. Ofrece más de 350 estilos para elegir y permite a los usuarios ser lo que quieran. El modelo de inteligencia artificial se entrena con fotos de entrada y los avatares se renderizan y eliminan de los servidores en siete días. Ofrece una opción de pago único y sin suscripción. Recomiendan subir 10 primeros planos, tres perfiles laterales, cinco primeros planos de pecho y tres imágenes de cuerpo entero para obtener mejores resultados. También ofrecen un reembolso en los primeros 14 días, siempre que el AI no haya sido entrenado todavía. Se fundaron en los Países Bajos y tienen más de 21.434 clientes satisfechos. También ofrecen diferentes estilos, como realista, headshot corporativo, anime y cute, entre otros. Respetan la privacidad del usuario y almacenan los datos de forma segura en servidores de Estados Unidos.

- *PRESENTACIONES FOTOS, VÍDEOS

- Nostalgia
- https://nostalgia.photo/
-
- Nostalgia es una aplicación innovadora que utiliza la inteligencia artificial para ofrecerte una experiencia de viaje en el tiempo a través de tus recuerdos. La aplicación te permite redescubrir las fotos, vídeos y momentos especiales que compartiste en el pasado. Gracias a sus avanzados algoritmos de análisis de datos, Nostalgia crea un collage emocional de esos recuerdos, devolviéndote las emociones y sentimientos de esos momentos únicos. Puedes navegar por tus fotos favoritas, revivir experiencias y compartir tus recuerdos con amigos y familiares, creando un vínculo especial con aquellos que comparten esos momentos contigo.

- *EDICIÓN DE FOTOS
- **Foto AI**
- https://photoai.me/
-
- Photo AI es una herramienta avanzada de edición fotográfica basada en IA que permite mejorar imágenes de forma rápida y sencilla. Con funciones de mejora automáticas, Photo AI optimiza los colores, el brillo, el contraste y otros parámetros de la imagen, garantizando resultados de alta calidad con un solo clic. Los usuarios también pueden aplicar filtros y efectos especiales para conseguir un estilo fotográfico único y personalizado. Photo AI es perfecto para fotógrafos, creadores de contenidos y entusiastas de la fotografía que quieran mejorar sus imágenes de

forma eficaz y profesional. Con Photo AI se pueden conseguir resultados asombrosos sin necesidad de tener conocimientos avanzados de retoque fotográfico.

• *EDICIÓN DE FOTOS

- **Cada píxel**
- https://everypixel.com/
-
- Every Pixel es una aplicación basada en inteligencia artificial que te permite editar y mejorar tus fotos con precisión y facilidad. Gracias a sus avanzados algoritmos de procesamiento de imágenes, Every Pixel te ofrece una amplia gama de herramientas para retocar y mejorar los detalles de tus imágenes. Puedes ajustar el brillo, el contraste, la saturación y mucho más para obtener resultados impecables. Además, Every Pixel te permite eliminar objetos no deseados, añadir efectos especiales y aplicar filtros creativos. Con una interfaz intuitiva y fácil de usar, esta aplicación es adecuada tanto para fotógrafos profesionales como para principiantes que buscan una forma sencilla de hacer sus fotos más atractivas.

• *RESTAURAR FOTOS

- **Restaurar fotos**
- https://restorephotos.io/
-
- Restore Photos es una potente aplicación basada en inteligencia artificial que permite restaurar y mejorar fotos antiguas, dañadas o descoloridas. Mediante algoritmos avanzados de procesamiento de imágenes, Restore Photos es capaz de eliminar arañazos,

manchas, grietas y otros defectos, devolviendo a tus fotos su aspecto original o incluso mejorándolas. Esta herramienta es un salvavidas para quienes desean conservar los recuerdos fotográficos y devolverles la vida con un aspecto más nítido y vibrante. Puede cargar sus fotos en Restore Photos y dejar que la inteligencia artificial haga el resto, devolviéndole imágenes restauradas listas para compartir con amigos y familiares.

• *EDICIÓN DE FOTOS

• **Pixlr**
• https://pixlr.com/
•
• Pixlr es una IA avanzada de edición fotográfica que ofrece una amplia gama de herramientas y funciones para mejorar, retocar y transformar imágenes. Con Pixlr, los usuarios pueden editar profesionalmente sus fotos, añadir efectos, filtros, texto y mucho más. La herramienta utiliza algoritmos de inteligencia artificial para mejorar automáticamente el aspecto de las imágenes, corregir colores y contrastes y ofrecer sugerencias para mejorar la composición. Además, Pixlr ofrece funciones avanzadas de retoque, como corrección de manchas, eliminación de ojos rojos y mejora de texturas. Es una herramienta indispensable para fotógrafos, diseñadores y aficionados a la edición fotográfica que quieran conseguir resultados profesionales con facilidad y precisión.

• *EDICIÓN, MEJORA DE IMÁGENES

• **Mejoremos**
• https://letsenhance.io/

205

-
- Lets Enhance es una plataforma de mejora de imágenes basada en inteligencia artificial. Con Lets Enhance, los usuarios pueden mejorar la calidad y resolución de sus imágenes de forma rápida y sencilla. Basta con subir la imagen a Lets Enhance y seleccionar el nivel de mejora deseado, y la potente IA procesará y optimizará la imagen. Lets Enhance es ideal para fotógrafos, diseñadores y creativos que quieran mejorar sus imágenes sin tener que utilizar complejos programas de edición fotográfica. La plataforma también ofrece funciones avanzadas de reducción de ruido, restauración de detalles y corrección del color. Con Lets Enhance, conseguir imágenes nítidas y de alta calidad es tan fácil como pulsar un botón.

- *EDICIÓN DE IMÁGENES

- **Lucidpic**
- https://lucidpic.com/
-
- Lucidpic es una herramienta de edición de imágenes basada en inteligencia artificial. Esta herramienta ofrece funciones avanzadas para mejorar, recortar, corregir y editar imágenes de forma profesional. Es especialmente útil para fotógrafos, diseñadores gráficos y creadores de contenidos que deseen mejorar la calidad y el aspecto de sus imágenes para crear contenidos visualmente atractivos.

- *EDICIÓN DE IMÁGENES RETRO

- **Coloreador de imágenes**

- https://imagecolorizer.com/
-
- Image Colorizer es una herramienta basada en inteligencia artificial para colorear automáticamente imágenes en blanco y negro. Esta herramienta utiliza algoritmos avanzados para añadir colores a las imágenes, obteniendo resultados asombrosos y realistas. Es útil para conservar y dar vida a fotografías antiguas en blanco y negro o para crear imágenes artísticas y vintage.

- *EDICIÓN DE FOTOS

- **Ojos de verano**
- https://summereyes.ai/
-
- Summer eyes es una herramienta de edición fotográfica basada en IA que ofrece una amplia gama de filtros y efectos para mejorar y transformar las fotos. Mediante inteligencia artificial, Summer eyes es capaz de reconocer objetos y rostros en las fotos y aplicar automáticamente los filtros más adecuados para conseguir resultados sorprendentes. Esta herramienta es perfecta para entusiastas de la fotografía y creadores de contenidos que quieran mejorar sus fotos de forma rápida y sencilla. Con Summer eyes, puedes conseguir fotos de alta calidad con un toque profesional, incluso sin tener conocimientos avanzados de edición fotográfica.

- *BIBLIOTECA DE IMÁGENES

- **Mago Pik**
- https://pikwizard.com/

-
- Pik Wizard es un banco gratuito de imágenes y vídeos que ofrece una amplia selección de contenidos visuales de alta calidad. Con más de un millón de imágenes y vídeos disponibles, Pik Wizard es un valioso recurso para diseñadores, creadores de contenidos y profesionales del marketing que buscan enriquecer sus proyectos con elementos visuales llamativos. Los usuarios pueden encontrar fácilmente las imágenes y vídeos que desean gracias a la potente función de búsqueda y a los filtros avanzados. Además, Pik Wizard ofrece herramientas de edición integradas que permiten a los usuarios recortar, editar y personalizar las imágenes directamente en la plataforma. Con su amplio catálogo de contenidos de alta calidad y sus intuitivas herramientas de edición, Pik Wizard es un recurso esencial para cualquier creador de contenidos visuales.

- *EDICIÓN DE IMÁGENES

- **DreamPic AI**
- https://dreampic.ai/
-
- DreamPic AI es una aplicación de edición de imágenes basada en IA que ofrece funciones avanzadas para mejorar y transformar fotos de forma creativa y artística. Con DreamPic AI, los usuarios pueden aplicar filtros y efectos especiales a sus imágenes, mejorar la nitidez y la calidad de las fotos y eliminar imperfecciones u objetos no deseados. La aplicación utiliza algoritmos de inteligencia artificial para detectar automáticamente rostros y objetos en las imágenes, lo que permite una edición precisa y detallada. Es una

valiosa herramienta para fotógrafos, entusiastas de la fotografía e influencers que quieran crear imágenes impactantes y llamativas para compartir en las redes sociales o utilizar en proyectos creativos.

• *DIBUJO, PINTURA

- **Estudio Masterpiece**
- https://masterpiecestudio.com/
-
- Masterpiece Studio es una herramienta de dibujo y pintura basada en IA que ofrece funciones avanzadas para la creación de obras de arte digitales. Con Masterpiece Studio, los usuarios pueden experimentar con una amplia gama de herramientas de dibujo, pinceles y efectos especiales para crear obras de arte únicas y artísticas. La herramienta utiliza algoritmos de aprendizaje automático para reconocer y mejorar automáticamente las líneas y trazos de los dibujos, garantizando un resultado final más preciso y detallado. Además, Masterpiece Studio ofrece funciones de edición y retoque de imágenes, lo que permite a los usuarios realizar cambios y ajustes en sus creaciones artísticas. Es una herramienta esencial para artistas digitales e ilustradores que deseen expresar su creatividad y talento a través del arte digital.

• *EDICIÓN DE IMÁGENES

- **Pixelz**
- https://pixelz.ai/
-

- Pixelz es una herramienta de edición de imágenes basada en inteligencia artificial que permite a los usuarios mejorar y retocar imágenes de forma rápida y precisa. Con funciones de eliminación de fondos y mejora de imágenes, Pixelz es útil para fotógrafos, ecommerce y diseñadores que quieran obtener imágenes de alta calidad para sus proyectos.

- *FOTOS DE ANIMACIÓN

- **Nostalgia profunda**
- https://myheritage.fr/
-
- Deep Nostalgia es una IA de animación fotográfica que permite a los usuarios dar vida a sus fotos estáticas añadiendo movimientos realistas y vivos. Con Deep Nostalgia, los usuarios pueden subir una foto y la herramienta utiliza algoritmos de inteligencia artificial para aplicar movimientos a las expresiones faciales y los elementos de la imagen, creando una animación que parece capturar un momento de la vida real. Es una tecnología asombrosa que ofrece una forma única y atractiva de compartir recuerdos e imágenes con una dimensión añadida. Deep Nostalgia es perfecto para mejorar fotos familiares, retratos y recuerdos especiales con un toque de magia y creatividad.

- *EDICIÓN ARTÍSTICA DE IMÁGENES

- **Blakify**
- https://blakify.com/home/
-
- Blakify es una herramienta de procesamiento de imágenes basada en inteligencia artificial para convertir

imágenes en color en artísticas y sofisticadas imágenes en blanco y negro. Con una gran variedad de estilos y filtros, Blakify ofrece una forma única de expresar la creatividad y dar a las imágenes un aspecto clásico.

• *EDICIÓN DE FOTOS

• **BeFunky**

• https://befunky.com/

•

• BeFunky es una aplicación basada en inteligencia artificial que te permite editar y retocar tus fotos de forma rápida e intuitiva. Con una amplia gama de herramientas de edición fotográfica, BeFunky te ofrece la posibilidad de ajustar los colores, el contraste, el brillo y mucho más para obtener resultados perfectos. Puedes añadir efectos artísticos, filtros, marcos y texto para que tus fotos sean únicas y llamativas. Con la opción de guardar tus cambios y compartir fotos directamente en las redes sociales, BeFunky es una herramienta esencial para los entusiastas de la fotografía y los creadores de contenidos.

• *EDICIÓN DE IMÁGENES, FILTROS

• **Cambiar estilo AI**

• https://changestyleai.com/

•

• Change Style AI es una herramienta creativa basada en inteligencia artificial para cambiar el estilo de las imágenes. Esta herramienta ofrece una amplia gama de filtros y estilos artísticos para transformar imágenes y darles un aspecto único. Es ideal para fotógrafos, diseñadores gráficos y entusiastas del arte digital que quieran experimentar con la estética de sus imágenes.

• ***EDICIÓN DE IMÁGENES**

• **Aplicación Eraser**
• https://eraserapp.dwave.cc/
•
• Eraser app es una herramienta de edición de imágenes basada en IA que te permite eliminar objetos no deseados de las fotos de forma rápida y sencilla. Sólo tienes que seleccionar el objeto a eliminar y la aplicación utilizará AI para ocultarlo o reemplazarlo con el fondo circundante.

• ***FOTOTECA, VÍDEO**

• **Pexels**
• https://pexels.com/
•
• Pexels es una plataforma que ofrece una amplia colección de fotos y vídeos de alta resolución libres de derechos. Los usuarios pueden explorar y descargar imágenes y vídeos de alta calidad para enriquecer sus proyectos creativos, ya sea para uso personal o comercial. Es un recurso excelente para diseñadores, blogueros, profesionales del marketing y del sector que buscan contenidos visuales de alta calidad.

• ***BIBLIOTECA FOTOGRÁFICA**

• **UnSplash**
• https://unsplash.com/
•

- UnSplash es una plataforma que ofrece una amplia colección de fotografías de alta calidad libres de derechos. Los usuarios pueden explorar y descargar imágenes de alta resolución para enriquecer sus proyectos creativos sin tener que pagar derechos de autor. Es una herramienta esencial para diseñadores, profesionales del marketing, blogueros y creadores de contenidos digitales que buscan imágenes de alta calidad para sus proyectos.

  - *EDICIÓN, MANIPULACIÓN DE IMÁGENES

- **Imagínese**
- https://imagineme.ai/
-
- Imagine es una herramienta creativa basada en inteligencia artificial que ofrece funciones de edición y manipulación de imágenes. Los usuarios pueden transformar fotos e imágenes con filtros artísticos, efectos especiales y herramientas avanzadas de retoque. Gracias a su tecnología de inteligencia artificial, Imagine puede reconocer objetos, caras y elementos en las imágenes, proporcionando sugerencias inteligentes para mejorar la calidad visual. Esta herramienta es adorada por fotógrafos, diseñadores y entusiastas de los gráficos que quieren expresar su creatividad e insuflar nueva vida a sus imágenes.

  - *IMÁGENES, VÍDEO

- **Stock de drones**
- https://dronestock.com/
-

- Drone Stock es un valioso recurso para encontrar vídeos y fotos aéreas de alta calidad. Con una amplia biblioteca de contenidos, Drone Stock ofrece una impresionante selección de imágenes y vídeos de drones, ideales para mejorar proyectos creativos y promocionales. Las imágenes aéreas pueden utilizarse para captar vistas impresionantes, lugares históricos, paisajes naturales y mucho más. Los vídeos aéreos, por su parte, son perfectos para crear escenas dinámicas y atractivas adecuadas para diversos tipos de contenido, como vídeos promocionales, anuncios y mucho más. Drone Stock ofrece una amplia variedad de contenidos, lo que permite a los usuarios encontrar la imagen o el vídeo perfecto para cada necesidad.

- *CORRECCIÓN FOTOGRÁFICA

- **Yo irreal**
- https://unrealme.io/
-

- Unreal me es una herramienta avanzada de edición y retoque fotográfico basada en IA. Con funciones de mejora automática y corrección de imperfecciones, Unreal me permite obtener fotos de alta calidad con un solo clic. Los usuarios pueden mejorar la piel, eliminar imperfecciones, retocar el rostro y añadir efectos especiales para obtener resultados asombrosos. Esta herramienta es ideal para fotógrafos, modelos y profesionales creativos que quieran conseguir fotos perfectas y de alta calidad. Con Unreal me, la edición fotográfica se convierte en una tarea rápida y sencilla, que permite obtener resultados impecables en cuestión de instantes.

- *COMPRESIÓN DE IMÁGENES

- **Squoosh**
- https://squoosh.app/
-
- Squoosh es una aplicación basada en inteligencia artificial que permite comprimir y optimizar imágenes para la web. Con algoritmos de compresión avanzados, Squoosh permite reducir el tamaño de las imágenes manteniendo una alta calidad visual. Esto le ayuda a mejorar el rendimiento de su sitio web o aplicación, reduciendo los tiempos de carga de la página y proporcionando una experiencia de navegación más fluida a los usuarios. Con una amplia gama de opciones de compresión y una interfaz fácil de usar, Squoosh es una herramienta esencial para desarrolladores, diseñadores y cualquiera que quiera optimizar imágenes para la web.

12. FORMULARIOS, ENCUESTAS, CUESTIONARIOS

- * CREACIÓN DE FORMULARIOS, FORMULARIOS, ENCUESTAS
-

- **Jotform**
- https://www.jotform.com/
-

- Jotform ayuda a crear formularios para distintos fines, como encuestas, registros y pedidos. El sitio web ofrece varias plantillas que los usuarios pueden personalizar con su propio logotipo, fuentes y colores. Jotform también permite a los usuarios integrar sus formularios con otras aplicaciones empresariales, como servicios de marketing por correo electrónico y aplicaciones de almacenamiento en la nube. Los usuarios pueden cobrar pagos en línea directamente a través de sus formularios y automatizar los flujos de trabajo. Jotform cuenta con más de 20 millones de usuarios en todo el mundo. El sitio web también ofrece asistencia especializada para usuarios corporativos y soluciones para diversos sectores, como la sanidad y la educación. Jotform cuenta con diversas funciones, como lógica condicional, formularios conversacionales y usuarios múltiples. El sitio web ofrece un mercado de plantillas e integraciones y tiene acuerdos de colaboración con otras empresas. Jotform se compromete con la accesibilidad y la seguridad y cuenta con una guía del usuario y una sección de preguntas frecuentes para ofrecer asistencia. El sitio web es fácil de usar y ofrece registro gratuito.

- *ENCONTRAR FAQ

- **FAQX**
- https://faqx.com/
-
- FAQX es una herramienta basada en inteligencia artificial para crear secciones de preguntas frecuentes (FAQ) para sitios web y aplicaciones. Esta herramienta utiliza algoritmos avanzados para identificar las preguntas más frecuentes de los usuarios y ofrecer

respuestas claras y detalladas. Es útil para mejorar la experiencia del usuario y proporcionar información crucial de forma eficaz.

- * CREACIÓN DE CONCURSOS, TARJETAS DE MEMORIA
- **Quizgecko**
- https://quizgecko.com/
-
- Quizgecko ofrece una forma rápida y sencilla de crear cuestionarios, tarjetas y apuntes utilizando tecnología basada en IA. La plataforma es adecuada para empresas, profesores y estudiantes y puede convertir cualquier texto, documento o URL en un cuestionario interactivo. Los usuarios pueden generar preguntas de opción múltiple, de verdadero o falso, de respuesta corta y de completar. También pueden cargar archivos como PDF, DOC y PPT para crear cuestionarios y pruebas. El sitio web ofrece un plan gratuito que permite a los usuarios generar hasta tres cuestionarios al mes y planes de pago que ofrecen más funciones y ventajas. Quizgecko también proporciona una extensión de Chrome que permite a los usuarios crear cuestionarios y flashcards con un solo clic, así como una API para desarrolladores que permite integrar la plataforma en otras aplicaciones. El sitio web ofrece análisis inteligente, evaluación automática e informes inteligentes para ayudar a los usuarios a evaluar y puntuar las preguntas de respuesta corta.

- *CREACIÓN DE FORMULARIOS Y ENCUESTAS
- **Encuesta por bloques**

- https://blocksurvey.io/
-

- BlockSurvey es una plataforma orientada a la privacidad que permite a los usuarios crear formularios y encuestas encriptados. La plataforma pretende proteger la privacidad de los datos de los participantes eliminando anuncios, rastreadores y cookies. BlockSurvey también permite a los usuarios ser propietarios de sus propios datos, que se almacenan cifrados en su repositorio privado descentralizado y al que sólo ellos pueden acceder. La plataforma ofrece funciones como encuestas anónimas, personalización de marcas, colaboración en equipo y análisis avanzados. BlockSurvey ha recibido críticas positivas de diversas fuentes y cuenta con la confianza de más de 500 miembros, entre ellos Brave Browser, Stacks Blockchain y Freehold Community. La plataforma es fácil de usar y no requiere conocimientos de programación. BlockSurvey ofrece descuentos a estudiantes, investigadores independientes y organizaciones sin ánimo de lucro. La plataforma es independiente del dispositivo y funciona tanto en la web como en el móvil. En general, BlockSurvey es una alternativa segura y orientada a la privacidad a las herramientas de encuesta tradicionales.

- *SURVEYS

- **Pregunte a String**
- https://askstring.com/
-

- Ask String es una herramienta AI-powered para generar preguntas y encuestas. Puede ayudar a crear encuestas detalladas y relevantes para recabar información de un público específico. Es útil para conocer las opiniones y preferencias de los clientes o participantes en una encuesta.

• *CREAR ENCUESTAS

• **Munch**

• https://getmunch.com/

•

• Munch es una herramienta completa para crear y gestionar formularios y encuestas. Con funciones de personalización y análisis de datos, Munch simplifica la recogida y el análisis de información importante. Los usuarios pueden crear formularios personalizados, añadiendo preguntas, opciones de respuesta y logotipos de empresa para reflejar la imagen de marca. Munch también ofrece herramientas avanzadas de análisis para visualizar los datos recopilados, lo que permite a los usuarios extraer información valiosa y tomar decisiones informadas. Esta herramienta es perfecta para empresas, organizaciones y profesionales que deseen recoger opiniones de clientes, realizar encuestas de mercado o gestionar inscripciones y registros de forma fácil y eficaz.

• *SCORES

• **Rueda de nombres**

• https://wheelofnames.com/

•

• Wheel of names es una herramienta basada en IA que te permite generar nombres aleatorios y seleccionar ganadores de forma rápida y entretenida. Con capacidades de generación aleatoria y análisis de datos, Wheel of names le permite seleccionar nombres, grupos o ganadores de forma aleatoria e imparcial. Esta herramienta es especialmente útil para profesores, organizadores de eventos y profesionales del sector que deseen seleccionar nombres al azar sin favoritismos. Con Rueda de nombres, puede hacer de la selección de nombres una experiencia divertida y atractiva, garantizando un proceso de selección justo y transparente.

13. BANDERAS, ENLACES

- * CREACIÓN DE BANNERS, IMÁGENES, VÍDEOS
- **Bannerbear**
- https://www.bannerbear.com/
-
- Bannerbear ayuda a la gente a crear imágenes y vídeos para las redes sociales, banners de comercio electrónico y mucho más. Para ello, proporciona API e integraciones que permiten a los usuarios generar contenidos visuales automáticamente. El sitio web ofrece varias herramientas, como una API de generación de imágenes, una API de imágenes múltiples, una API de generación de vídeos y una API de generación de PDF. También ofrece integraciones con plataformas como Airtable, Zapier y WordPress. Bannerbear ofrece demostraciones interactivas y herramientas gratuitas, como un creador de certificados en línea y un creador de collages de fotos en línea. El sitio web proporciona recursos tanto para

no programadores como para desarrolladores, incluidos tutoriales y una referencia de la API. Bannerbear es fácil de usar y no requiere conocimientos de programación. Los usuarios pueden iniciar una prueba gratuita con 30 créditos API y sin necesidad de tarjeta de crédito.

• *CREAR ENLACES

• **SirLinksalot**
• https://sirlinksalot.co/
•
• SirLinksalot es un sitio web que ofrece servicios de construcción de enlaces para ayudar a las empresas a aumentar el tráfico orgánico de su sitio web y mejorar el rendimiento SEO. El sitio web ofrece varios tipos de backlinks, entre los que se incluyen la construcción de enlaces gestionada, las publicaciones de invitados, los cambios de nicho, las señales sociales y los enlaces PB. El sitio web también proporciona estudios de casos y recursos para ayudar a los usuarios a aprender más sobre la optimización de motores de búsqueda y la construcción de enlaces. SirLinksalot hace hincapié en la importancia de la construcción de enlaces de "sombrero blanco" y ofrece una política de reembolso si la calidad de los enlaces no cumple sus estándares. El sitio web es adecuado para empresas que desean mejorar su posición en Google, pero no disponen del personal o los conocimientos necesarios para construir enlaces por sí mismas.

• *CREACIÓN DE ENLACES

• **Xrumer**
• http://botmasterlabs.net/

-
- Xrumer es un software de automatización para la creación de backlinks. Permite generar y enviar automáticamente comentarios y mensajes con enlaces a foros, blogs y otras plataformas en línea. Sin embargo, hay que tener en cuenta que el uso de herramientas de automatización para la creación de backlinks puede considerarse una práctica arriesgada e infringir las directrices de Google.

- * GENERACIÓN DE ENLACES

- **Fatjoe**
- https://app.fatjoe.com/
-
- Fatjoe es una herramienta de generación de enlaces basada en inteligencia artificial. Esta herramienta utiliza algoritmos avanzados para identificar y adquirir backlinks de alta calidad para mejorar el ranking y la autoridad de un sitio web. Es especialmente útil para estrategias SEO y para clasificar sitios web en los motores de búsqueda.

- *CREACIÓN DE ENLACES

- **Buscador GSA**
- https://gsa-online.de/
-
- GSA Search Engine Ranker es una herramienta de construcción de backlinks que automatiza el proceso de construcción de enlaces en varias plataformas online. Sin embargo, cabe señalar que el uso de software de automatización para la construcción de

backlinks puede considerarse una práctica arriesgada y puede violar las directrices de Google

• *CREACIÓN DE ENLACES

• **Crorkwheel**

• https://crork.io/

•

• Crorkwheel ofrece servicios de creación de vínculos de retroceso para mejorar la visibilidad del sitio web y la clasificación en los motores de búsqueda. Ofrecen diferentes paquetes de construcción de enlaces para satisfacer las diferentes necesidades de los usuarios y utilizan prácticas de construcción de enlaces que cumplen con las directrices de Google.

• *CREACIÓN DE ENLACES OPTIMIZADOS

• **Toffee Compartir**

• https://toffeeshare.com/

•

• Toffee Share es una herramienta basada en inteligencia artificial para crear y compartir enlaces optimizados. Gracias a su avanzada tecnología, Toffee Share permite personalizar los enlaces con miniaturas, imágenes y otra información relevante, haciéndolos más atractivos y atrayentes para los usuarios. Esta herramienta es especialmente útil para quienes utilizan bioenlaces en las redes sociales o para compartir contenidos en línea, ya que maximiza el impacto de los enlaces con un aspecto profesional y visualmente atractivo. Toffee Share simplifica el uso compartido de enlaces y mejora la experiencia del usuario, permitiéndole promocionar contenidos y recursos de forma eficaz y atractiva.

- *ENLACE ABREVIADO

- **Bitly**
- https://bitly.com/
-
- Bitly es uno de los servicios acortadores de URL más populares y utilizados del mundo. Con Bitly, los usuarios pueden acortar URL largas y convertirlas en enlaces más compactos y fáciles de compartir en redes sociales, mensajes de correo electrónico u otros canales de comunicación. Además de la sencilla función de acortamiento de URL, Bitly también ofrece una serie de características adicionales, como el seguimiento de las estadísticas de clics y el análisis del rendimiento de los enlaces compartidos. Los usuarios pueden controlar cuántas veces se ha hecho clic en el enlace, de qué país proceden los visitantes y mucho más. Esta información es muy valiosa para los usuarios que deseen evaluar la eficacia de sus campañas de marketing online o de intercambio de contenidos.

- *BACKLINK, POSICIONAMIENTO

- **El Dibz**
- https://thedibz.com/
-
- The Dibz es una herramienta avanzada de investigación de backlinks que ayuda a identificar oportunidades de construcción de enlaces de calidad. Con una funcionalidad de búsqueda avanzada y un análisis en profundidad, The Dibz simplifica el proceso

de obtención de backlinks de alta calidad y la mejora del posicionamiento en buscadores. Los usuarios pueden buscar oportunidades de backlinks basadas en palabras clave específicas y analizar los datos para evaluar la autoridad de los sitios web. The Dibz proporciona información detallada sobre los autores de los sitios web y las páginas específicas en las que se pueden obtener backlinks. Esta herramienta es un recurso valioso para los especialistas en marketing digital y los profesionales del SEO que deseen mejorar

- *ANÁLISIS DEL TRÁFICO WEB

- **Asistente de enlaces**
- https://linkwizard.baelite.com/link-wizard-home?rpт3/
-
- Link Wizard es una herramienta basada en IA para optimizar y personalizar enlaces con capacidades de análisis de tráfico y sugerencias personalizadas. Con capacidades de seguimiento y análisis de datos, Link Wizard le permite obtener información detallada sobre el rendimiento de sus enlaces y proporcionar sugerencias personalizadas para mejorar su impacto y rendimiento. Esta herramienta es especialmente útil para influencers, creadores de contenidos y profesionales del marketing que quieran optimizar y monitorizar sus enlaces para obtener los máximos resultados. Con Link Wizard, puedes obtener enlaces personalizados y estrategias de marketing más eficaces para llegar a tu público objetivo de forma más efectiva.

- *CREAR ENLACES

- **Enlaces Moji**

- https://linkmoji.co/
-

- Link Moji es una aplicación basada en inteligencia artificial que permite crear enlaces personalizados para compartir contenidos en las redes sociales y otras plataformas en línea. Con Link Moji, puedes convertir tus enlaces en URL cortas y personalizadas con emoji y palabras clave relevantes. Esto te ayuda a hacer tus enlaces más atractivos y fácilmente reconocibles para tu audiencia. Además, Link Moji ofrece análisis para supervisar el rendimiento de tus enlaces y obtener información sobre la participación de tu contenido. Es una herramienta valiosa para influencers, vendedores y cualquiera que desee aumentar la visibilidad y la interacción de su contenido en línea.

14. YOUTUBE

- * OPTIMIZACIÓN YOUTUBE, PALABRAS CLAVE, ...
- **VidIQ**
- https://vidiq.com
-

- VidIQ es una plataforma que ayuda a los creadores de YouTube a hacer crecer sus canales. Ofrece una serie de herramientas y servicios, como herramientas de palabras clave y de la competencia, una herramienta de auditoría de canales y una función llamada "Ideas diarias" que proporciona inspiración personalizada. También tiene un componente de inteligencia artificial (IA) que ayuda a los usuarios a conseguir más visitas y suscriptores. Cuenta con testimonios de creadores de

YouTube de éxito que utilizan VidIQ. Por último, ofrece un registro gratuito para que los usuarios puedan empezar a utilizar VidIQ. En resumen, VidIQ es una plataforma que ayuda a los creadores de YouTube a hacer crecer sus canales proporcionándoles herramientas, servicios e información basados en inteligencia artificial.

- *CREAR VÍDEOS PARA YOUTUBE

- **Morise AI**
- https://morise.ai/
-
- Morise AI ayuda a la gente a crear vídeos para YouTube. Utiliza datos de los canales de YouTube de más éxito para ayudar a los usuarios a crear vídeos que se conviertan en virales. Para ello, proporciona a los usuarios títulos, descripciones, etiquetas e ideas optimizadas para los vídeos. También ayuda a los usuarios a crear entradas para la pestaña Comunidad y a generar etiquetas optimizadas para los motores de búsqueda. Ha aparecido en Bens Bites, Early Shark y Future Tools. Ofrece una prueba gratuita de 3 días y los usuarios pueden empezar gratis.

- *ANÁLISIS DE CONTENIDOS, RESÚMENES

- **YouTube resumido**
- https://youtubesummarized.com/
-
- YouTube Summarised es una herramienta basada en inteligencia artificial que proporciona una experiencia de visualización de vídeos en YouTube más eficiente y centrada. Esta innovadora herramienta utiliza

algoritmos avanzados de aprendizaje automático para analizar el contenido de los vídeos de YouTube y crear resúmenes precisos y concisos de cada vídeo. Los usuarios pueden elegir ver los resúmenes en lugar de los vídeos completos, ahorrando tiempo y obteniendo la esencia del contenido. YouTube Resumido es especialmente útil para los usuarios que quieren obtener rápidamente la información clave de un vídeo, sin tener que verlo entero. Además, esta herramienta ayuda a gestionar el agobio causado por la gran cantidad de contenidos disponibles en YouTube, permitiendo a los usuarios obtener una visión general sin sentirse abrumados. Esta herramienta es un excelente recurso para estudiantes, investigadores, profesionales y cualquier persona que desee acceder rápidamente a información relevante de los vídeos de YouTube. YouTube Resumido simplifica la experiencia de visualización de YouTube, permitiendo a los usuarios centrarse en lo que más importa sin perder un tiempo valioso.

-

- *TEXTO RESUMIDO

- Resumidor
- https://www.summarizer.org/
-

- Summarizer es una IA de resumen de textos que permite a los usuarios obtener resúmenes precisos y concisos de documentos, artículos y textos largos. Con Summarizer, los usuarios pueden introducir el texto o la URL del documento a resumir, y la herramienta utiliza algoritmos de inteligencia artificial para analizar el contenido y generar un resumen conciso que captura la información clave y los aspectos más destacados. Es una herramienta útil para cualquiera que necesite obtener rápidamente una visión general del contenido sin tener que leer todo el texto. Es perfecta para estudiantes, profesionales y aficionados a la lectura que quieran ahorrar tiempo y obtener información esencial de forma eficaz.

15. CHATBOTS, ATENCIÓN AL CLIENTE

- *CREACIÓN DE CHATBOT
- **Botnation**
- https://botnation.ai/en/
-
- Botnation ofrece una plataforma y herramientas para crear chatbots para empresas y agencias. Su plataforma es fácil de usar y no requiere conocimientos de codificación. Se pueden crear chatbots para varios canales, como sitios web, Instagram, WordPress, WhatsApp y Facebook Messenger. La empresa ofrece plantillas, tutoriales y asistencia de expertos para ayudar a los usuarios a crear y personalizar sus chatbots. Los chatbots pueden vincularse a herramientas CRM y API, y los datos pueden analizarse en tiempo real. La plataforma cumple la normativa GDPR y ofrece tecnología segura. Los chatbots pueden ayudar a las empresas a optimizar el servicio al cliente, captar más clientes potenciales y aumentar las ventas. Botnation ha ganado varios premios y ha sido

utilizada por grandes empresas, pymes y agencias. El sitio web ofrece información sobre chatbots, sus ventajas y preguntas frecuentes sobre precios. La empresa también ofrece soluciones premium de chat en directo para atención al cliente.

• *COMUNICACIÓN CON LOS CLIENTES

- **Connex One**
- https://connexone.co.uk/ai-automation/
-
- Connex One es una plataforma de captación de clientes que permite a las empresas gestionar y optimizar la comunicación con los clientes a través de diversos canales, como el teléfono, el chat, el correo electrónico y las redes sociales. Los usuarios pueden ofrecer una experiencia personalizada y coherente a sus clientes, mejorando su satisfacción y fidelidad. Es una herramienta esencial para el servicio al cliente y la gestión de las relaciones con los clientes (CRM).

• *CHATBOT

- **Gato hablador**
- https://chattycat.ju.mp/
-
- Chatty Cat es una herramienta de conversación basada en inteligencia artificial que ofrece una agradable experiencia de chatbot a los usuarios. Con una personalidad interactiva y distintiva, Chatty Cat es capaz de responder preguntas, proporcionar información y entretener a los usuarios de forma natural y divertida. Esta herramienta gusta a los desarrolladores de chatbot, a los entusiastas de la

interacción hombre-máquina y a quienes desean experimentar la conversación con un asistente virtual interactivo.

- *CREACIÓN CHATBOT (también WhatsApp, etc.)
- **Tiledesk**
- https://tiledesk.com/
-
- Tiledesk es una plataforma de atención al cliente que ofrece servicios de chat en directo y chatbot para empresas. Ofrece varias funciones, como un widget de chat en directo, un estudio de diseño de chatbot y ticketing conversacional. Tiledesk también ofrece integraciones con canales de mensajería populares como WhatsApp y Facebook Messenger. La plataforma proporciona cientos de plantillas de chatbot gratuitas para la generación de leads, atención al cliente y comercio electrónico. Los chatbots integrados de Tiledesk pueden calificar clientes potenciales, responder preguntas frecuentes y pasar el control a operadores humanos. La plataforma también ofrece una interfaz de mensajería unificada que reúne todos los canales de mensajería relevantes en un solo centro de comunicación. Tiledesk es una plataforma de código abierto que da prioridad a la privacidad y permite a las empresas preservar sus datos. Ofrece una base de conocimientos, un centro para desarrolladores y un foro comunitario para usuarios. Marcas globales, organizaciones locales y start-ups de rápido crecimiento confían en Tiledesk para aumentar los ingresos de marketing con chatbots y chat en vivo.

- *CHATBOT

- **Cualquierbot**
- https://anybott.com/form/
-
- Anybot es un servicio de asistencia virtual basado en IA que permite a las empresas ofrecer atención al cliente automatizada y personalizada. Los usuarios pueden interactuar con Anybot para obtener respuestas a las preguntas más frecuentes y recibir asistencia en tiempo real.

- *CHATBOT

- **Convai**
- https://convai.com/
-
- Convai es una potente plataforma de chatbot e inteligencia artificial que permite a las empresas crear y gestionar fácilmente chatbots avanzados para mejorar la interacción con los clientes y automatizar los procesos empresariales. Con Convai, puede crear chatbots personalizados con funciones de inteligencia artificial como reconocimiento del lenguaje natural, respuesta a preguntas frecuentes, asistencia en compras y mucho más. Esta herramienta es adecuada para empresas de todos los tamaños e industrias, y ofrece una solución fácil de usar para mejorar la experiencia del cliente y aumentar la eficiencia operativa.

- *CREACIÓN DE CHATBOT

- **Chat minúsculo**
- https://tinychat.com/

-
- Tiny Chat es una aplicación basada en inteligencia artificial que te permite crear chatbots personalizados para tu sitio web o páginas de redes sociales. Gracias a sus potentes algoritmos de análisis del lenguaje natural, Tiny Chat le ayuda a crear chatbots inteligentes e interactivos que pueden interactuar con los usuarios de forma natural y atractiva. Puede personalizar su chatbot para que responda a las preguntas más frecuentes, proporcione información sobre productos y servicios, recopile comentarios y mucho más. Con Tiny Chat, puede mejorar la experiencia del usuario en su sitio web o páginas sociales y ofrecer un servicio de atención al cliente de primera clase, las 24 horas del día.

  - *CHATBOT

- **ChatGuru**
- https://chatguru.ai/
-
- ChatGuru es una herramienta de chatbot basada en inteligencia artificial que permite a las empresas desplegar asistentes virtuales interactivos e inteligentes para las interacciones con los clientes. Con capacidades de aprendizaje automático y comprensión del lenguaje natural, ChatGuru ofrece una conversación natural y personalizada con los usuarios, proporcionando asistencia, respondiendo preguntas y satisfaciendo las necesidades de los clientes de forma rápida y eficiente. Esta herramienta es un valioso aliado para los equipos de atención al cliente, servicio posventa y marketing que deseen mejorar la

experiencia del cliente y ofrecer un servicio de alto nivel.

- *CHATBOT

- **Botdistrikt**
- https://botdistrikt.com/
-
- Botdistrikt es una plataforma de chatbot basada en IA que ofrece soluciones avanzadas de automatización del servicio de atención al cliente. Con Botdistrikt, las empresas pueden crear chatbots inteligentes que interactúan con los clientes de forma natural y atractiva, proporcionando respuestas rápidas y precisas a sus preguntas y peticiones. Los chatbots de Botdistrikt se pueden personalizar para satisfacer las necesidades específicas de cada empresa y se pueden integrar con diferentes plataformas de mensajería, como Facebook Messenger, WhatsApp y Slack, entre otras. Esta solución es especialmente útil para las empresas que desean ofrecer un servicio de atención al cliente eficiente y de alta calidad a través de la automatización.

- *ATENCIÓN AL CLIENTE, GESTIÓN DE TICKETS

- **Jovy**
- https://jovyai.com/
-
- Jovy es una plataforma basada en IA que ofrece asistencia virtual al cliente y gestión de tickets. Los usuarios pueden interactuar con Jovy para obtener respuestas rápidas y precisas a sus preguntas y problemas.

- *ATENCIÓN AL CLIENTE, MENSAJERÍA, TICKETS
- **Chat en directo**
- https://www.livechat.com/
-
- LiveChat es un sitio web que ofrece una plataforma para que las empresas proporcionen atención al cliente mediante chat en directo. Proporciona una solución completa de atención al cliente que incluye automatización, mensajería y sistema de tickets. El sitio web ofrece integraciones con más de 200 herramientas, como WordPress, Messenger, Google Ads y WhatsApp. LiveChat pretende ayudar a las empresas a convertir las visitas a su sitio web en ventas y satisfacción del cliente. El sitio web también ofrece recursos como un centro de ayuda, seminarios web y un informe de atención al cliente. LiveChat cuenta con más de 37.000 clientes, entre ellos marcas conocidas, y goza de la confianza de los líderes del sector. El sitio web ofrece una prueba gratuita de 14 días y una instalación sencilla sin necesidad de tarjeta de crédito.

- *CREACIÓN DE CHATBOT

- **ChatBot**
- https://www.chatbot.com/
-
- ChatBot.com ayuda a las empresas a crear chatbots sin necesidad de programación. Los chatbots son como robots que pueden hablar con los clientes y responder a sus preguntas. ChatBot.com también tiene un constructor visual que permite a las empresas

crear fácilmente sus propios chatbots. Los chatbots pueden utilizarse para marketing, ventas y atención al cliente. Ofrece plantillas para diferentes tipos de chatbots, como programación de llamadas, atención al cliente y solicitud de empleo. ChatBot.com también ofrece integraciones con otras plataformas como Facebook Messenger, Slack y WordPress. El sitio web ofrece una prueba gratuita de 14 días y un curso de diseño de chatbots para ayudar a las empresas a empezar. ChatBot.com ha ayudado a empresas como Next Door Burger Bar y The Chat Shop a aumentar sus ventas y reducir costes.

-

- *SERVICIO DE ATENCIÓN AL CLIENTE
- **HelpDesk**
- https://www.helpdesk.com/
-
- HelpDesk ofrece un sistema de tickets para la atención al cliente. Ayuda a los equipos a gestionar los mensajes de los clientes en un solo lugar y a establecer mejores relaciones con ellos. Ofrece una prueba gratuita de 14 días y cuenta con funciones como automatización, informes en tiempo real y herramientas de colaboración. HelpDesk también se integra con otras aplicaciones y plataformas como HubSpot, Jira y Salesforce. Proporciona recursos como cursos, guías y plantillas para ayudar a los usuarios a aprender a utilizar HelpDesk de forma eficaz.

- *ATENCIÓN AL CLIENTE
- **GetGenie AI**

- https://getgenie.ai/
-
- GetGenie AI es una plataforma de última generación que aprovecha la inteligencia artificial para ofrecer soluciones avanzadas de atención al cliente y servicio técnico. Gracias a su potente tecnología de IA, GetGenie AI es capaz de gestionar con eficacia y precisión las consultas de los clientes, proporcionando respuestas rápidas y personalizadas a través de múltiples canales de comunicación. Esta herramienta permite a las empresas automatizar el proceso de asistencia, mejorando la experiencia del cliente y reduciendo los tiempos de respuesta. Con la capacidad de gestionar grandes volúmenes de interacciones con los clientes, GetGenie AI permite a las empresas optimizar los recursos, aumentando la satisfacción del cliente y generando nuevas oportunidades de venta.

- *ATENCIÓN AL CLIENTE

- **Moveworks**
- https://moveworks.com/
-
- Moveworks es una plataforma de asistencia informática basada en IA que utiliza el aprendizaje automático para automatizar y mejorar la experiencia de asistencia informática. Mediante el análisis del lenguaje natural y la comprensión de las solicitudes de los usuarios, Moveworks es capaz de proporcionar respuestas inmediatas y precisas a las preguntas de los usuarios y resolver los problemas de forma rápida y eficiente. Esta herramienta es especialmente útil para empresas con un gran volumen de solicitudes de

asistencia informática, ya que reduce los tiempos de respuesta y mejora la satisfacción de los usuarios.

• *GESTIÓN DEL CHAT

• **Herramientas de chat**
• https://chatbotkit.com/
•
• Chat Toolkit es un completo conjunto de herramientas basadas en inteligencia artificial para gestionar y optimizar las conversaciones de chat. Mediante una serie de sofisticados algoritmos, Chat Toolkit permite mejorar la eficiencia y la experiencia de usuario en chatbots y sistemas de mensajería automatizada. Puede utilizar Chat Toolkit para crear chatbots inteligentes y altamente personalizables que entiendan el lenguaje natural e interactúen con los usuarios de forma natural y atractiva. Gracias a las funciones avanzadas de análisis y supervisión, podrá obtener información valiosa sobre las interacciones de los usuarios y optimizar constantemente el rendimiento de sus chatbots. Con Chat Toolkit, podrá ofrecer un servicio de atención al cliente de primera clase y mejorar la comunicación con sus clientes.

• *CHATBOT

• **Conversai**
• https://conversai.co/
•
• Conversai es un avanzado sistema de chatbot basado en Inteligencia Artificial que permite a los usuarios crear chatbots personalizados para atención al cliente,

asistencia virtual y automatización de preguntas-respuestas.

* *TEXTO RESUMIDO

* **Resumidor**
* https://www.summarizer.org/
*
* Summarizer es una IA de resumen de textos que permite a los usuarios obtener resúmenes precisos y concisos de documentos, artículos y textos largos. Con Summarizer, los usuarios pueden introducir el texto o la URL del documento a resumir, y la herramienta utiliza algoritmos de inteligencia artificial para analizar el contenido y generar un resumen conciso que captura la información clave y los aspectos más destacados. Es una herramienta útil para cualquiera que necesite obtener rápidamente una visión general del contenido sin tener que leer todo el texto. Es perfecta para estudiantes, profesionales y aficionados a la lectura que quieran ahorrar tiempo y obtener información esencial de forma eficaz.

* *ATENCIÓN AL CLIENTE

* **Harvey**
* https://hiverhq.com/harvey-ai-customer-support/
*
* Harvey es una herramienta inteligente de atención al cliente basada en IA. Con capacidades de chatbot y asistencia virtual, Harvey automatiza las respuestas a las preguntas más frecuentes de los usuarios y ofrece asistencia en tiempo real. Esta herramienta es especialmente útil para las empresas que quieren

mejorar la eficiencia del servicio de atención al cliente y reducir la carga de trabajo del equipo de asistencia. Harvey utiliza la inteligencia artificial para comprender el contexto de las preguntas de los usuarios y ofrecer respuestas precisas y oportunas. Es una gran solución para empresas de cualquier tamaño que quieran ofrecer un servicio de atención al cliente de alta calidad y mejorar la experiencia del usuario.

- *CHATBOT

- **Ipso**
- https://ipso.ai/
-
- Ipso es una herramienta de comunicación basada en inteligencia artificial. Permite a los usuarios crear chatbots inteligentes e interactivos para interactuar con los clientes y proporcionarles asistencia y apoyo. Mediante algoritmos de aprendizaje automático, Ipso es capaz de aprender del comportamiento de los usuarios y mejorar constantemente sus capacidades de comunicación. Se utiliza mucho en atención al cliente y marketing para automatizar las respuestas y mejorar la experiencia del usuario.

- *CHATBOT

- **Cabina AI**
- https://booth.ai/
-
- Booth AI es una herramienta de inteligencia artificial que te ayuda a crear chatbots inteligentes para tu sitio web o aplicación. Con Booth AI, puedes crear fácilmente chatbots con respuestas automatizadas e

interactivas para ayudar a los visitantes de tu sitio web a encontrar la información que necesitan de forma rápida y sencilla. Puede personalizar el chatbot con preguntas y respuestas específicas para satisfacer las necesidades de sus usuarios. Booth AI también le ofrece funciones avanzadas de análisis de conversaciones para comprender mejor las necesidades de sus usuarios y mejorar continuamente la experiencia de interacción. Es una herramienta esencial para empresas y profesionales que deseen ofrecer un servicio de atención al cliente de alta calidad y una comunicación eficaz a través de chatbots.

16. ANÁLISIS, CORRECCIÓN DE TEXTOS, RECONOCIMIENTO DE VOZ, RESÚMENES

- *ASISTENTE DE PERSONAL LABORAL
- **IA humana**
- https://www.humata.ai/

- Humata utiliza inteligencia artificial para ayudarle a entender y trabajar con sus archivos más rápidamente. Puedes hacer preguntas a Humata sobre tus archivos y obtener respuestas al instante. También puede ayudarte a resumir documentos largos, analizar documentos legales y crear informes 100 veces más rápido. El uso de Humata es gratuito, pero hay un límite de 60 páginas por documento. Tus documentos se guardan de forma segura en un almacenamiento encriptado en la nube y tienes el control sobre tus datos. Con el plan Pro de Humata, puedes hacer consultas ilimitadas en múltiples documentos a la vez. Humata AI está diseñado para ayudarle a trabajar de forma más inteligente y aprender más rápido.

- *ANÁLISIS DE LAS EMOCIONES EN LOS TEXTOS
- **Markopolo**
- https://markopolo.ai/
-
- Markopolo es una herramienta de análisis de sentimientos que utiliza IA para analizar y comprender las emociones y sentimientos expresados en textos y contenidos en línea. Es útil para detectar las opiniones y el tono de las conversaciones en redes sociales, blogs y otros sitios web.

- *ANÁLISIS DE TEXTOS Y DISCURSOS
- **Montaje AI**
- https://sembly.ai/
-
- Sembly AI es una herramienta avanzada de análisis del lenguaje natural basada en la inteligencia artificial. Gracias a su potente tecnología de procesamiento del lenguaje, Sembly AI ayuda a los usuarios a comprender e interpretar el significado del texto y el habla con precisión y exactitud. Esta herramienta

ofrece funciones de análisis semántico, extracción de entidades y análisis de sentimientos, lo que permite a los usuarios obtener información en profundidad a partir de datos de texto. Sembly AI es una valiosa herramienta para profesionales del marketing, investigadores y analistas de datos, ya que proporciona una mayor comprensión e información relevante a partir de textos y contenidos de diferentes tipos.

- *REDACCIÓN, CORRECCIÓN

- **Caja de hechizos**
- https://spellbox.app/
-
- Spellbox es una herramienta de inteligencia artificial diseñada para mejorar la redacción y corrección de textos. Los usuarios pueden utilizar Spellbox para detectar errores ortográficos, gramaticales y de estilo en sus textos y obtener sugerencias para mejorarlos. Esta herramienta es especialmente útil para escritores, periodistas, estudiantes y profesionales que deseen producir contenidos de alta calidad y sin errores. Con el apoyo de algoritmos de inteligencia artificial, Spellbox ofrece correcciones precisas y sugerencias inteligentes para mejorar la escritura de forma rápida y eficaz.

- *ESCRITURA, CORRECCIÓN GRAMATICAL

- **Uppcat**
- https://upcat.app/
-

- Uppcat es una herramienta basada en inteligencia artificial que te ayuda a mejorar tu escritura y a corregir la gramática. Puedes utilizar Uppcat para escribir artículos, mensajes en redes sociales, correos electrónicos y mucho más. Uppcat ofrece sugerencias y correcciones gramaticales mientras escribes, ayudándote a evitar errores ortográficos y gramaticales y a mejorar la calidad de tus textos. También puedes utilizar Uppcat para mejorar la claridad y coherencia de tus contenidos, haciéndolos más eficaces y profesionales. Uppcat es una herramienta imprescindible para escritores, periodistas, estudiantes y profesionales que quieran mejorar su redacción y comunicación de forma rápida y sencilla.

- *CORRECCIÓN DE TEXTO

- **Corrector**
- https://corrector.app/
-
- Corrector es una herramienta de corrección automática que le ayuda a mejorar la calidad de sus textos y contenidos escritos. Puede utilizar Corrector para corregir errores ortográficos, gramaticales y de puntuación, evitando así desagradables sorpresas en sus textos. Corrector también ofrece consejos de escritura y opciones de reescritura para mejorar la claridad y coherencia de sus contenidos. Es una herramienta útil para escritores, estudiantes, periodistas y profesionales que deseen presentar textos precisos y de alta calidad. Con Corrector, puede estar seguro de que sus textos son perfectos y están bien presentados.

- *MEJORA, CORRECCIÓN DE TEXTO
- **Trinka**
- https://www.trinka.ai/
-
- Trinka es una herramienta basada en inteligencia artificial para mejorar la redacción y corrección de textos. Con la ayuda de Trinka, los usuarios pueden obtener sugerencias de autocorrección y mejorar la gramática y el estilo de sus textos de forma eficaz.

- *ANÁLISIS DE TEXTO
- **Verbatik**
- https://verbatik.com/
-
- Verbatik es una herramienta de análisis de texto basada en inteligencia artificial. Esta herramienta analiza texto escrito para identificar sentimientos ocultos, temas y tendencias dentro del contenido. Es útil para investigadores de mercado, profesionales del marketing y analistas de datos que deseen comprender mejor la opinión de la audiencia y obtener información en profundidad a partir de las opiniones de los usuarios.

- *EXTRACCIÓN, ANÁLISIS DE INFORMACIÓN DE TEXTOS O DISCURSOS
- **Verbo AI**
- https://verb.ai/
-

- Verb AI es una herramienta de análisis del lenguaje natural basada en inteligencia artificial. Esta herramienta utiliza algoritmos avanzados para extraer y analizar información de texto y voz. Es útil para investigadores, analistas y profesionales de la lengua que deseen obtener conocimientos e información a partir de datos de texto.

- *CORRECCIÓN GRAMATICAL

- **Escriba a**
- https://typly.app/
-
- Typly es una herramienta de corrección gramatical y edición automática. Utiliza inteligencia artificial para detectar errores gramaticales, ortográficos y estilísticos en los textos y proporcionar sugerencias de corrección precisas. Los usuarios pueden utilizar Typly para mejorar la calidad y claridad de sus documentos, artículos, correos electrónicos y mucho más. La herramienta es útil para escritores, profesionales, estudiantes y cualquiera que desee mejorar su escritura sin tener que depender de las herramientas de corrección estándar. Typly hace que la corrección y la edición sean más eficientes y precisas, garantizando un texto limpio y profesional.

- *RECONOCIMIENTO DE VOZ, EMOCIONES...

- **Berri**
- https://berri.ai/
-
- Berri es una herramienta basada en inteligencia artificial que ofrece soluciones para el reconocimiento

de voz y la detección de emociones. Esta herramienta es útil para crear experiencias de interacción por voz más intuitivas y atractivas.

• *ANÁLISIS DE TEXTO

• **Mapa de texto**

• https://textomap.com/

•

• Textomap es una herramienta de análisis de textos basada en inteligencia artificial. Utiliza algoritmos de aprendizaje automático para extraer información, temas y sentimientos de textos escritos. Con Textomap, los usuarios pueden analizar grandes cantidades de texto y conocer en profundidad la estructura y el significado del contenido. Se utiliza mucho en investigación, análisis de datos y marketing para comprender mejor el contexto y la eficacia de los textos.

• *EDICIÓN, CORRECCIÓN DE PRUEBAS

• **Finalle**

• https://finalle.ai/

•

• Finalle es una herramienta de edición y corrección de textos basada en Inteligencia Artificial que ofrece corrección gramatical, sugerencias de estilo y mejora de la redacción. Es útil para autores, redactores y profesionales que buscan mejorar la calidad de sus textos.

• *ANÁLISIS DE TEXTO

• **Lexii**

- https://lexii.ai/

-

- Lexii es una herramienta de análisis de textos basada en inteligencia artificial que ofrece funciones de extracción e interpretación de datos de documentos, contratos y textos jurídicos. Mediante algoritmos de aprendizaje automático, Lexii analiza textos y proporciona información detallada sobre su contenido, lo que permite a abogados, asesores jurídicos y profesionales del Derecho obtener información relevante de forma rápida y eficaz. Esta herramienta es un valioso recurso para simplificar la investigación jurídica y optimizar el proceso de análisis de documentos.

  - *ANÁLISIS DEL LENGUAJE NATURAL

- **Symanto**
- https://symanto.com/

-

- Symanto es una IA de análisis del lenguaje natural (PLN) que permite a los usuarios analizar y comprender el lenguaje humano en textos y conversaciones. Con Symanto, las empresas pueden utilizar algoritmos de inteligencia artificial para extraer información, identificar sentimientos y comprender el significado de textos escritos e interacciones con clientes. Es una herramienta valiosa para controlar la reputación de las marcas, analizar las opiniones de los clientes y comprender los comentarios de los usuarios. Symanto es una solución clave para las empresas que desean obtener información significativa del lenguaje natural y tomar decisiones fundamentadas basadas en las interacciones con los clientes.

- *COMPRENSIÓN DEL TEXTO

- **Cohere**
- https://cohere.io/
-
- Cohere es una API de procesamiento del lenguaje natural basada en IA que permite a los desarrolladores integrar funciones de lenguaje natural en sus aplicaciones. Gracias al procesamiento avanzado del lenguaje natural, Cohere permite comprender y analizar textos complejos, proporcionando información detallada y relevante a los usuarios. Esta herramienta es ideal para desarrolladores y empresas que deseen enriquecer sus aplicaciones con funciones del lenguaje natural como el análisis de sentimientos, la extracción de entidades, etc.

- *CORRECCIÓN DE TEXTO

- **Redacta**
- https://redacta.me/
-
- Redacta es una herramienta avanzada de corrección automática de textos basada en IA que ayuda a mejorar la gramática y el estilo de los textos escritos. Mediante el análisis del lenguaje natural, Redacta es capaz de identificar errores gramaticales, sugerir sinónimos y mejorar la claridad y coherencia del texto. Esta herramienta es especialmente útil para escritores, editores y profesionales de la edición que deseen mejorar la calidad de sus textos de forma rápida y eficaz. Con Redacta, podrá obtener textos escritos

impecables y de alta calidad, incluso sin servicios de corrección humana.

• * CORRECCIÓN GRAMATICAL y ESTILÍSTICA

• **Linguix**

• https://linguix.com/ https://mgrworkbench.ai/

•

• Linguix es una IA de corrección gramatical y de estilo que ofrece servicios avanzados de edición para mejorar la escritura. Con Linguix, los usuarios pueden corregir errores gramaticales, mejorar la coherencia y elegancia de los textos y obtener consejos de redacción para que sus contenidos sean más claros y profesionales. La herramienta utiliza algoritmos de inteligencia artificial para analizar y evaluar la calidad y claridad de los textos, proporcionando un feedback inmediato y detallado sobre los errores y sugerencias de mejora. Es una herramienta indispensable para escritores, editores y profesionales del sector que deseen producir contenidos de alta calidad y sin errores.

• *ANÁLISIS DE TEXTO

• **Entrada**

• https://entar.io/

•

• Entario es una IA que ofrece soluciones avanzadas de análisis de texto y lenguaje natural. Con Entario, los usuarios pueden extraer información y datos significativos de grandes cantidades de texto, analizar su contenido y obtener información valiosa. La herramienta utiliza algoritmos de aprendizaje automático y técnicas de procesamiento del lenguaje natural para comprender el significado y la intención de un texto, lo que permite a los usuarios obtener resultados precisos y fiables. Es especialmente útil para investigadores, analistas de datos y profesionales del sector que necesitan analizar grandes conjuntos de datos de texto y obtener información relevante para tomar decisiones estratégicas.

• *ANÁLISIS DE CONTENIDOS, RESÚMENES
• **YouTube resumido**
• https://youtubesummarized.com/
•
• YouTube Summarised es una herramienta basada en inteligencia artificial que proporciona una experiencia de visualización de vídeos en YouTube más eficiente y centrada. Esta innovadora herramienta utiliza algoritmos avanzados de aprendizaje automático para analizar el contenido de los vídeos de YouTube y crear resúmenes precisos y concisos de cada vídeo. Los usuarios pueden elegir ver los resúmenes en lugar de los vídeos completos, ahorrando tiempo y obteniendo la esencia del contenido.YouTube Resumido es especialmente útil para los usuarios que quieren obtener rápidamente la información clave de un vídeo, sin tener que ver la duración completa del vídeo. Además, esta herramienta ayuda a gestionar el agobio causado por la gran cantidad de contenidos disponibles en YouTube, permitiendo a los usuarios obtener una visión general sin sentirse abrumados. Esta herramienta es un recurso excelente para estudiantes, investigadores, profesionales y cualquier persona que desee acceder rápidamente a información

relevante de los vídeos de YouTube. YouTube Resumido simplifica la experiencia de visualización de YouTube, permitiendo a los usuarios centrarse en lo que más importa sin perder un tiempo valioso.

-

• *TEXTO RESUMIDO

- **Resumidor**
- https://www.summarizer.org/
-

- Summarizer es una IA de resumen de textos que permite a los usuarios obtener resúmenes precisos y concisos de documentos, artículos y textos largos. Con Summarizer, los usuarios pueden introducir el texto o la URL del documento a resumir, y la herramienta utiliza algoritmos de inteligencia artificial para analizar el contenido y generar un resumen conciso que captura la información clave y los aspectos más destacados. Es una herramienta útil para cualquiera que necesite obtener rápidamente una visión general del contenido sin tener que leer todo el texto. Es perfecta para estudiantes, profesionales y aficionados a la lectura que quieran ahorrar tiempo y obtener información esencial de forma eficaz.

17. ALIMENTOS

• *RECETAS, COCINA

- **ChefGPT**
- https://www.chefgpt.xyz/

-
- ChefGPT ayuda a planificar las comidas y a cocinar de forma más inteligente. Utiliza recomendaciones de recetas basadas en inteligencia artificial para sugerir recetas personalizadas, sanas y deliciosas que se adapten a tu estilo de vida. Ofrece varias funciones, como PantryChef, Masterchef, MacrosChef, MealPlanChef y PairPerfect, que ayudan a los usuarios a cocinar con lo que ya tienen a mano, alcanzar sus objetivos de macronutrientes, crear un plan de comidas adaptado a sus objetivos específicos de forma física y requisitos dietéticos, y combinar las comidas con la bebida perfecta.
- ChefGPT ha recibido comentarios positivos de sus clientes, que hasta ahora han guardado más de 55.000 cenas. ChefGPT ofrece un plan básico gratuito y un plan Pro con funciones ilimitadas. ChefPT es el compañero perfecto para cualquiera que desee elevar sus habilidades culinarias y disfrutar de comidas deliciosas y nutritivas.

- *INFO OFERTAS DE RESTAURANTES
- **Hackear el menú**
- https://hackthemenu.com/
-
- Hack The Menu es un sitio web que ofrece información sobre ofertas secretas y no anunciadas de los menús de los restaurantes. Esta herramienta es ideal para los amantes de la comida que quieran descubrir nuevas combinaciones y opciones poco convencionales en sus restaurantes favoritos. Hack The Menu recopila y comparte información de cadenas de restaurantes

populares, lo que permite a los usuarios explorar nuevas experiencias gastronómicas.

• *GENERADOR DE RECETAS

- **Recetas de AI**
- https://letsfoodie.com/ai-recipe-generator/
-

- Recipes by AI es un generador de recetas basado en inteligencia artificial que ofrece ideas creativas y originales para platos y cocinas. Con funciones de personalización preferente, Recipes by AI es un gran recurso para los amantes de la comida y los chefs que buscan inspiración culinaria. Los usuarios pueden especificar ingredientes, tipos de cocina y restricciones dietéticas para recibir recetas personalizadas, lo que hace más fácil y divertido crear nuevos platos.

• *RECETAS DE CÓCTELES

- **Mixo**
- https://mixo.io/
-

- Mixo es una herramienta de creación de cócteles en línea que ofrece recetas e instrucciones para preparar bebidas de alta calidad. Los usuarios pueden buscar cócteles según los ingredientes que tengan a mano o sus preferencias personales. Es un excelente recurso para amantes de los cócteles, barmans y aficionados a la mixología.

18. ANÁLISIS, SEGUIMIENTO DE DATOS

- *RECOPILACIÓN DE DATOS E INFORMACIÓN
- **Conejo de investigación**
- https://researchrabbit.ai/
-
- Research Rabbit es una herramienta basada en inteligencia artificial que ayuda a los usuarios a encontrar y organizar información y recursos para la investigación. Con la ayuda de Research Rabbit, los usuarios pueden ahorrar tiempo y mejorar la eficiencia en la recopilación de datos e información relevantes.

- * ANÁLISIS DE DATOS
- **Tapestri**
- https://tapestri.io/
-
- Tapestri es una potente herramienta de análisis de datos que permite a los usuarios crear visualizaciones interactivas y dinámicas a partir de los datos. Con Tapestri, los usuarios pueden explorar datos de forma intuitiva, crear tablas y gráficos personalizados y obtener información valiosa a partir de sus datos. Es una herramienta ideal para analistas, investigadores y profesionales del sector que deseen presentar datos de forma atractiva y fácilmente comprensible.

- * ANÁLISIS DE DATOS

- **Eilla**
- https://eilla.ai/
-
- Eilla es una IA de análisis de datos que proporciona perspectivas y predicciones basadas en datos para ayudar a las empresas a tomar decisiones informadas. Con Eilla, las empresas pueden analizar grandes cantidades de datos y la herramienta utiliza algoritmos de inteligencia artificial para identificar tendencias, patrones y relaciones ocultas en los datos. Esta información puede utilizarse para optimizar las operaciones empresariales, identificar oportunidades de crecimiento y mejorar las estrategias de marketing. Es un recurso importante para directivos y profesionales de empresas que deseen utilizar los datos estratégicamente y obtener una ventaja competitiva en el mercado.

- * ANÁLISIS DE DATOS

- **Sybill**
- https://sybill.ai/
-
- Sybill es una herramienta avanzada de análisis de datos y predicción que ofrece información detallada y previsiones precisas. Mediante algoritmos de aprendizaje automático, Sybill analiza los datos e identifica patrones y tendencias ocultos, ayudando a las empresas a tomar decisiones de futuro con conocimiento de causa.

- * ANÁLISIS DE DATOS

- **AI Data Sidekick**

- https://airops.com/
-
- AI Data Sidekick es una potente herramienta de análisis de datos basada en IA. Con funciones avanzadas de análisis y visualización de datos, AI Data Sidekick ayuda a obtener información detallada y conocimientos valiosos para tomar decisiones informadas. Los usuarios pueden importar grandes conjuntos de datos y obtener análisis en profundidad mediante gráficos e informes interactivos. Esta herramienta es ideal para analizar datos complejos, identificar tendencias y patrones, y obtener una comprensión exhaustiva del rendimiento empresarial. AI Data Sidekick permite a los usuarios realizar análisis detallados de forma rápida e intuitiva, sin necesidad de conocimientos técnicos avanzados. Es una herramienta esencial para empresas, analistas y profesionales del sector que quieran aprovechar al máximo el potencial de los datos para tomar decisiones estratégicas y mejorar el rendimiento empresarial.

- *RECOGIDA DE DATOS DE LOS USUARIOS
- **Movio**
- https://movio.la/
-
- Movio es una herramienta de análisis de audiencia basada en IA que ofrece datos demográficos e información detallada sobre tus usuarios y clientes. Mediante algoritmos de inteligencia artificial, Movio analiza los datos de los usuarios y proporciona información valiosa sobre sus intereses, preferencias y comportamiento. Esta información es crucial para crear

estrategias de marketing específicas y campañas promocionales eficaces. Con Movio, las empresas pueden obtener una visión completa de su audiencia, tomar decisiones basadas en datos y mejorar la experiencia del cliente. Esta herramienta es especialmente útil para empresas del sector del ocio, como cines y teatros, que desean personalizar y optimizar sus ofertas para atraer al público adecuado.

- *SUPERVISIÓN DE LOS PROBLEMAS DE LOS SERVICIOS WEB

- **Detector de caídas**
- https://downdetector.com/
-

- Down Detector es una herramienta basada en IA que permite monitorizar y recibir notificaciones sobre cualquier interrupción o problema de servicio con sitios web y aplicaciones. Con capacidades de monitorización y análisis de datos en tiempo real, Down Detector permite a los usuarios recibir información puntual sobre cualquier problema de conexión o interrupción de los servicios en línea. Esta herramienta es especialmente útil para usuarios y empresas que desean estar informados a tiempo sobre cualquier interrupción de los servicios en línea y tomar medidas inmediatas. Con Down Detector, puede recibir notificaciones en tiempo real y garantizar una mayor fiabilidad de sus servicios en línea.

- * ANÁLISIS DE DATOS

- **Bertha**
- https://bertha.ai/

-
- Bertha es una plataforma basada en IA que ofrece análisis avanzados y perspectivas de los datos corporativos. Con el objetivo de proporcionar información detallada y perspicaz, Bertha utiliza algoritmos de aprendizaje automático para extraer datos significativos de los datos corporativos y proporcionar análisis predictivos y perspectivas de futuro. Las empresas pueden utilizar Bertha para comprender mejor las tendencias del mercado, el comportamiento de los clientes y las oportunidades de crecimiento. Esta herramienta es especialmente útil para las empresas que desean tomar decisiones estratégicas basadas en datos y mejorar su competitividad en el mercado.

- *VISUALIZACIÓN DE DATOS

- **Flourish**
- https://flourish.studio/
-
- Flourish es una plataforma basada en inteligencia artificial que te permite crear visualizaciones de datos y gráficos interactivos de forma rápida e intuitiva. Gracias a sus avanzados algoritmos, Flourish te ofrece una amplia gama de plantillas y estilos para crear gráficos de alta calidad que se adapten perfectamente a tus necesidades. Puede importar fácilmente sus datos, añadir etiquetas, colores e interactividad para hacer sus gráficos más atractivos y comprensibles. Con la posibilidad de exportar gráficos en distintos formatos e incorporarlos a tus proyectos, Flourish es una herramienta esencial para periodistas, empresas,

académicos y cualquiera que desee presentar datos de forma visualmente atractiva.

• * ANÁLISIS DE DATOS

- **Lavo AI**
- https://lavo.ai/
-
- Lavo AI es una herramienta de análisis de datos que utiliza la inteligencia artificial para extraer información significativa de los datos corporativos. La herramienta ofrece análisis avanzados para ayudar a las empresas a tomar decisiones más informadas y estratégicas. Es útil para analistas de negocio y ejecutivos que deseen comprender mejor el rendimiento de la empresa e identificar oportunidades de crecimiento.

• *ANÁLISIS DE DATOS y COMPETENCIA

- **Jugar HT AI**
- https://plav.ht/
-
- Play HT AI es una herramienta de análisis de datos e inteligencia competitiva basada en inteligencia artificial, que proporciona información detallada y una visión del mercado y los competidores.

• * ANÁLISIS DE DATOS

- **Visily**
- https://visily.ai/
-
- Visily es una herramienta de análisis de datos basada en inteligencia artificial que ofrece capacidades

avanzadas para extraer información y perspectivas de los datos, ayudando a las empresas a tomar decisiones informadas y estratégicas.

• *ANÁLISIS,TRATAMIENTO DE DATOS

• **Interflexión**

• https://interflexion.com/

•

• Interflexion es una herramienta avanzada de análisis de datos basada en inteligencia artificial, que ofrece capacidades de procesamiento e interpretación de datos. Con algoritmos de aprendizaje automático. Interflexion identifica tendencias, patrones e insights ocultos en los datos, proporcionando a las empresas información valiosa para la toma de decisiones estratégicas.

• *ANÁLISIS

• **Justificación**

• https://rationale.jina.ai/

•

• Rationale es una plataforma de análisis basada en inteligencia artificial que le ayuda a tomar decisiones informadas y racionales. Con la ayuda de sus sofisticados algoritmos de análisis de datos, Rationale analiza grandes cantidades de datos e información para ofrecerle una visión en profundidad de un tema o situación determinados. Puede utilizar Rationale para analizar datos financieros, datos de mercado, datos de consumo y mucho más para obtener una visión clara y detallada de la situación. Gracias a las funciones avanzadas de visualización de datos, podrá explorar tablas, cuadros y gráficos que le ayudarán a comprender mejor las relaciones y los patrones de los datos. Con Rationale, podrá tomar decisiones más informadas y estratégicas, tanto a nivel personal como corporativo.

-

    - * ANÁLISIS DE DATOS

- **Nuclia**
- https://nuclia.com/
-

- Nuclia es una potente herramienta basada en inteligencia artificial para el análisis de datos y la generación de previsiones. Con la ayuda de sus sofisticados algoritmos de aprendizaje automático, Nuclia es capaz de analizar grandes cantidades de datos procedentes de diversas fuentes para ofrecerle información detallada y previsiones precisas. Puede utilizar Nuclia para obtener previsiones de mercado, analizar datos de empresas, predecir tendencias de consumo y mucho más. Gracias a su interfaz de fácil manejo, podrá cargar y analizar fácilmente sus datos, obteniendo resultados en tiempo real y de forma intuitiva. Con Nuclia, podrá tomar decisiones basadas en datos con mayor confianza y mejorar su capacidad para adaptarse a las cambiantes necesidades del mercado.

    - * ANÁLISIS DE DATOS

- **Onda**
- https://wave.ai/
-

- Wave es una herramienta de análisis de datos basada en inteligencia artificial que ofrece capacidades avanzadas para extraer información significativa de los datos corporativos. Con capacidades de procesamiento y visualización de datos, Wave ayuda a las empresas a descubrir tendencias, identificar oportunidades y tomar decisiones estratégicas basadas en datos. Esta herramienta es útil para analistas, ejecutivos y responsables de la toma de decisiones que desean obtener una visión en profundidad del rendimiento empresarial y tomar decisiones con conocimiento de causa.

- * ANÁLISIS DE DATOS

- **Laxis**
- https://laxis.com/
-
- Laxis es una herramienta de análisis de datos basada en IA que ofrece funciones avanzadas de procesamiento y análisis de datos. Mediante algoritmos de aprendizaje automático, Laxis es capaz de identificar patrones, tendencias y correlaciones en los datos para proporcionar información y apoyo a la toma de decisiones.

- * ANÁLISIS DE DATOS

- **Éxodo AI**
- https://exod.ai/
-
- Exod AI es una plataforma de análisis de datos basada en IA que permite extraer información y conocimientos de los datos corporativos. Gracias a sus capacidades

de análisis predictivo y procesamiento de datos, Exod AI permite obtener información valiosa y predicciones precisas para tomar decisiones informadas. Esta herramienta es especialmente útil para empresas y profesionales que desean optimizar las operaciones y mejorar el rendimiento empresarial. Con Exod AI, puede obtener un análisis detallado de los datos de la empresa y comprender mejor las tendencias y oportunidades de negocio.

- * ANÁLISIS DE DATOS

- **Norby AI**
- https://norby.io/
-
- Norby AI es una herramienta de análisis de datos basada en inteligencia artificial. Esta herramienta ofrece funciones avanzadas para extraer, organizar y analizar datos de diversas fuentes. Es útil para analistas de datos, investigadores y expertos en inteligencia empresarial que deseen obtener información en profundidad a partir de información corporativa.

- *INTELIGENCIA EMPRESARIAL

- **BI Generativo**
- https://generativebi.com/
-
- Generative BI es una plataforma de inteligencia empresarial basada en inteligencia artificial que proporciona análisis avanzados y modelos predictivos para ayudar a las empresas a comprender su rendimiento e identificar oportunidades de crecimiento.

Con funciones de análisis de datos y previsión predictiva, Generative BI proporciona valiosas herramientas para optimizar las operaciones empresariales y tomar decisiones basadas en datos.

- * ANÁLISIS DE DATOS

- **Bardeen**
- https://bardeen.ai/
-
- Bardeen es una herramienta de análisis de datos basada en inteligencia artificial que le permite obtener perspectivas y predicciones precisas a partir de sus datos. Con la ayuda de algoritmos avanzados de aprendizaje automático, Bardeen puede analizar grandes cantidades de datos con rapidez y precisión, identificando patrones, tendencias y relaciones ocultas. Puede utilizar Bardeen para optimizar los procesos empresariales, tomar decisiones estratégicas basadas en datos, identificar oportunidades de mercado y predecir el comportamiento de los clientes. Gracias a su interfaz de fácil manejo, podrá cargar datos, configurar análisis y obtener resultados claros y comprensibles. Bardeen es una herramienta esencial para las empresas y los profesionales que desean aprovechar al máximo el potencial de sus datos.

- *DATA CHECK

- **Comprobación de AI**
- https://checkforai.com/
-
-

- Check for AI es una herramienta de verificación de la integridad de los datos basada en IA. Con funciones avanzadas de análisis de datos, Check for AI ayuda a identificar errores e incoherencias en los datos, garantizando la exactitud y fiabilidad de la información. Esta herramienta es especialmente útil para las empresas que trabajan con grandes cantidades de datos y quieren garantizar la calidad e integridad de la información. Check for AI utiliza algoritmos inteligentes para analizar los datos y detectar posibles errores, duplicaciones o incoherencias, alertando a los usuarios de las anomalías y proporcionando sugerencias para corregirlas. Esta herramienta es una solución eficaz para mejorar la calidad de los datos y tomar decisiones fundamentadas basadas en información precisa y fiable.

  - *ANÁLISIS DE VÍDEO, DATOS DE RENDIMIENTO
- **Watchnow**
- https://watchnowai.com/
-
- Watchnow es una herramienta innovadora que utiliza inteligencia artificial para analizar vídeos y proporcionar datos y estadísticas detallados. Con un análisis en profundidad, Watchnow ayuda a comprender mejor la participación y el rendimiento de los vídeos. Basta con subir un vídeo a Watchnow, y la herramienta proporcionará información valiosa como el número de visionados, la duración media de la visualización, los puntos de abandono y otras métricas importantes. Esta herramienta es especialmente útil para creadores de contenidos, profesionales del marketing y empresas que desean supervisar la eficacia de sus vídeos y

tomar decisiones informadas para mejorar las estrategias de marketing y comunicación.

- *ANÁLISIS DE CONJUNTOS DE DATOS COMPLEJOS
- **Aidaptive**
- https://aidaptive.com/
-
- Aidaptive es una herramienta de análisis de datos basada en inteligencia artificial. Esta herramienta utiliza algoritmos avanzados para analizar grandes cantidades de datos y proporcionar información en profundidad sobre tendencias y patrones en los datos. Es especialmente útil para científicos de datos y analistas que trabajan con conjuntos de datos complejos y multidimensionales.

- *VISUALIZACIÓN DE DATOS
- **Vizard**
- https://vizard.ai/
-
- Vizard es un software de visualización de datos basado en IA que ofrece herramientas para crear visualizaciones interactivas y envolventes de datos complejos.

- * ANÁLISIS DE DATOS
- **Galileo**
- https://usegalileo.ai/
-

- Galileo es una herramienta de análisis de datos basada en IA que ofrece funciones avanzadas de análisis e interpretación de datos. Mediante algoritmos de aprendizaje automático, Galileo es capaz de extraer información significativa y tomar decisiones fundamentadas basadas en los datos.

    - * ANÁLISIS DE DATOS

- **Mindgrasp**
- https://mindgrasp.ai/
-
- Mindgrasp es una herramienta de análisis de datos y previsión basada en inteligencia artificial que ofrece soluciones de inteligencia empresarial y estrategia corporativa. Con capacidades de análisis de datos y modelos de previsión, Mindgrasp ayuda a las empresas a identificar oportunidades, predecir tendencias y tomar decisiones estratégicas basadas en datos. Esta herramienta es muy utilizada por profesionales empresariales, directivos y analistas que buscan obtener una visión en profundidad del rendimiento de la empresa y orientar las estrategias futuras.

    - *ANÁLISIS DE DATOS DE LA EMPRESA

- **RunDiffusion**
- https://rundiffusion.com/
-
- RunDiffusion es una herramienta de análisis de datos basada en inteligencia artificial. Esta herramienta ofrece capacidades avanzadas para procesar y analizar datos de diversas fuentes. Es útil para los

analistas de datos, científicos de datos y profesionales de negocios que quieren obtener una visión profunda de la información empresarial para tomar decisiones informadas y estratégicas.

- *EXTRACCIÓN DE DATOS DE LA WEB
- **Buscar IA**
- https://www.browse.ai/
-
- Browse AI permite a los usuarios extraer y supervisar fácilmente datos de cualquier sitio web sin necesidad de conocimientos de programación. Ofrece robots preconstruidos para casos de uso populares, como la extracción de anuncios de empleo de Linkedin o la supervisión de los resultados de búsqueda en Google Maps. Los usuarios también pueden crear sus propios robots personalizados para extraer datos específicos de cualquier sitio web. Se hace hincapié en la facilidad de uso, con robots que pueden entrenarse en sólo dos minutos y no requieren mantenimiento. Browse AI también ofrece opciones de precios flexibles y cuenta con la confianza de más de 101.000 personas y equipos, entre ellos empresas como Accenture y Amazon. El sitio web ofrece recursos como un centro de ayuda, documentación sobre la API y un blog, y los usuarios también pueden reservar una demostración o ponerse en contacto con la empresa para recibir asistencia.

- * ANÁLISIS DE DATOS
- **Explorador inteligente**
- https://smartscout.co

-

- Smart Scout es una potente herramienta de análisis de datos basada en inteligencia artificial, ideal para el análisis de mercados, el seguimiento de competidores y la identificación de oportunidades de negocio. Con funciones avanzadas de recopilación y análisis de datos, Smart Scout ayuda a las empresas a tomar decisiones informadas y estratégicas.

- *CLASIFICACIÓN DE DATOS

- **Zebracat**

- https://zebracat.ai/

-

- Zebracat es una herramienta de clasificación de datos basada en inteligencia artificial. Esta herramienta utiliza algoritmos avanzados para categorizar y organizar grandes cantidades de datos de forma eficaz y precisa. Es útil para empresas y analistas de datos que deseen extraer información útil de grandes conjuntos de datos y tomar decisiones con conocimiento de causa.

- * ANÁLISIS DE DATOS

- **Analogías**

- https://analogenie.com/

-

- Analogenie es una herramienta de análisis y previsión de datos basada en inteligencia artificial que ofrece soluciones de inteligencia empresarial para optimizar las operaciones de las empresas. Mediante algoritmos de aprendizaje automático, Analogenie analiza los datos empresariales para identificar tendencias, oportunidades y retos, lo que permite a las empresas tomar decisiones informadas y estratégicas. Esta herramienta es ideal para ejecutivos, analistas y directivos que desean obtener una visión clara y en profundidad del rendimiento de la empresa y tomar medidas para mejorar la eficiencia y la rentabilidad.

• *ANÁLISIS DEL RENDIMIENTO WEB

• **Bramework**
• https://bramework.com/
•
• Bramework es una herramienta avanzada de supervisión y análisis del rendimiento de aplicaciones web basada en IA. Con capacidades de monitorización y análisis de datos en tiempo real, Bramework permite identificar cualquier problema o anomalía en el rendimiento de las aplicaciones, garantizando un funcionamiento óptimo e ininterrumpido. Esta herramienta es especialmente útil para desarrolladores y empresas que desean garantizar una experiencia de usuario fluida y de alta calidad en sus aplicaciones web. Con Bramework, podrá obtener una visión completa del rendimiento de sus aplicaciones y tomar decisiones informadas para mejorarlas y optimizarlas.

• * ANÁLISIS DE DATOS

• **Estampado**
• https://patterned.ai/
•
• Patterned es una herramienta de análisis de datos basada en IA que permite descubrir patrones y tendencias ocultos en los datos. Con capacidades de

271

análisis predictivo y aprendizaje automático, Patterned es capaz de extraer información relevante de los datos y proporcionar predicciones precisas de tendencias futuras. Esta herramienta es especialmente útil para las empresas y los profesionales del sector que desean conocer mejor los datos y tomar decisiones con conocimiento de causa. Con Patterned, puede obtener información valiosa y estrategias de negocio más eficaces, mejorando su capacidad para adaptarse a los retos y oportunidades del mercado.

- *ANÁLISIS DEL SITIO

- **Sitekick**
- https://sitekick.ai/
-
- Sitekick es una potente herramienta de análisis de sitios web basada en inteligencia artificial. Examina el rendimiento y la usabilidad de los sitios web, proporcionando datos detallados y sugerencias para mejorar la experiencia del usuario y la eficiencia del sitio. Con Sitekick, los usuarios pueden supervisar el tráfico del sitio, analizar los datos de navegación de los usuarios y obtener informes detallados sobre la eficacia de las páginas y los contenidos. Se trata de una valiosa herramienta para vendedores y webmasters que deseen optimizar y mejorar el rendimiento de sus sitios web.
-

- *ANÁLISIS DE DATOS, TENDENCIAS

- **Maverick**
- https://trymaverick.com/
-

- Maverick es una potente herramienta de análisis de datos basada en inteligencia artificial. Utiliza algoritmos de aprendizaje automático para analizar grandes cantidades de datos e identificar patrones ocultos, tendencias y correlaciones. Con Maverick, los usuarios pueden obtener información detallada y predictiva para tomar decisiones informadas y estratégicas. Su uso está muy extendido en sectores como el empresarial, el financiero o el sanitario, entre otros, para optimizar las operaciones y maximizar los resultados.

- *ANÁLISIS DE SOFTWARE

- **Perspectivas del OSS**
- https://ossinsight.io/
-
- OSS insights es una herramienta de inteligencia y análisis de software de código abierto basada en inteligencia artificial. Con algoritmos de reconocimiento de patrones y análisis de datos, OSS insights ayuda a desarrolladores y empresas a evaluar la seguridad, calidad y fiabilidad del software de código abierto utilizado en sus proyectos. Esta herramienta es esencial para evaluar los riesgos y tomar decisiones informadas que garanticen la seguridad y la eficiencia en el proceso de desarrollo de software.

- *PROCESAMIENTO DE DATOS

- **SolidPoint**
- https://solidpoint.ai/
-
- SolidPoint es una herramienta basada en IA para procesar datos geoespaciales y generar mapas

interactivos. Esta herramienta es útil para visualizar y analizar datos geográficos de forma eficaz e intuitiva.

- * ANÁLISIS DE DATOS

- **Decoherencia**
- https://decoherence.co/
-
- Decoherence es una plataforma de análisis de datos que utiliza la Inteligencia Artificial para extraer información, descubrir tendencias y tomar decisiones informadas basadas en datos.

- * ANÁLISIS DE DATOS

- **Cresta**
- https://cresta.com/
-
- Cresta es una herramienta de inteligencia artificial que ofrece funciones avanzadas de análisis de datos y previsión. Los usuarios pueden utilizar Cresta para obtener información detallada sobre las tendencias del mercado, el comportamiento de los clientes y el rendimiento empresarial, lo que les permite tomar decisiones con conocimiento de causa para mejorar las estrategias empresariales. Esta herramienta es especialmente útil para empresas y profesionales del sector que deseen obtener una visión global de su mercado y tomar decisiones basadas en datos precisos y fiables. Con funciones de análisis avanzadas y una amplia gama de datos disponibles, Cresta ofrece una potente herramienta para el análisis empresarial y la planificación estratégica.

- *ANÁLISIS DE DATOS DE LA EMPRESA

- **Wisdolia**

- https://wisdolia.com/

-

- Wisdolia es una herramienta de análisis de datos empresariales basada en la inteligencia artificial. Esta herramienta ofrece una serie de funciones de análisis y visualización de datos que ayudan a las empresas a conocer en profundidad su rendimiento y las tendencias del mercado. Wisdolia es un valioso aliado para la toma de decisiones basada en datos y la optimización de las estrategias empresariales.

- * ANÁLISIS DE DATOS

- **Harpa**

- https://harpa.ai/

-

- Harpa es una herramienta de análisis de datos basada en inteligencia artificial. Esta herramienta utiliza algoritmos avanzados para analizar grandes cantidades de datos y proporcionar informes y perspectivas en profundidad. Es útil para empresas y analistas de datos que quieran obtener información significativa de sus datos.

- *GESTIÓN DE RECURSOS HUMANOS

- **TalentTracker**

- https://talenttracker.ai/

-

- TalentTracker es una herramienta de gestión de recursos humanos basada en inteligencia artificial que ayuda a las empresas a identificar y contratar a los mejores talentos para sus necesidades. Mediante algoritmos de aprendizaje automático, TalentTracker analiza los perfiles de los candidatos, evalúa sus habilidades y experiencia y ofrece recomendaciones para los puestos vacantes. Esta herramienta es ideal para responsables de RRHH y equipos de contratación que quieran simplificar y mejorar el proceso de contratación.

- *ANÁLISIS, SEGUIMIENTO DE SITIOS WORDPRESS
- **Monsterinsights, LLC**
- https://www.monsterinsights.com/
-
- Monsterinsights es un potente plugin para WordPress que ofrece servicios avanzados de seguimiento y análisis a usuarios de sitios web y profesionales del marketing digital. Con una integración fluida, proporciona información valiosa sobre el tráfico del sitio web, el comportamiento de los usuarios y los indicadores clave de rendimiento, lo que permite a los usuarios tomar decisiones basadas en datos y optimizar su presencia en línea para obtener un mejor rendimiento.

- * ANÁLISIS DE DATOS

- **Visla**
- https://visla.us/
-
- Visla es una herramienta de análisis de datos basada en inteligencia artificial. Esta herramienta utiliza

algoritmos avanzados para extraer y analizar datos de diversas fuentes y proporcionar informes y perspectivas detallados. Es especialmente útil para las empresas que desean optimizar sus estrategias y tomar decisiones informadas basadas en datos.

- * ANÁLISIS DE DATOS
- **Elaphas**
- https://elephas.app/
-
- Elaphas es una herramienta de análisis de datos basada en inteligencia artificial y diseñada para ayudar a las empresas a obtener información significativa a partir de sus datos. Elaphas permite importar y analizar grandes cantidades de datos procedentes de diversas fuentes, como bases de datos, hojas de cálculo y archivos CSV. La herramienta ofrece diversos instrumentos de análisis, como modelos predictivos, algoritmos de agrupación y análisis de series temporales, que permiten a los usuarios descubrir patrones y tendencias ocultos en los datos. Se pueden crear cuadros de mando personalizados e informes interactivos para visualizar los resultados de forma clara y comprensible. Elaphas es una potente solución para las empresas que desean tomar decisiones basadas en datos y mejorar sus operaciones.

- *ANÁLISIS DE DATOS TEXTUALES
- **Círculo de laboratorios**
- https://circlelabs.xyz/
-

- Circle Labs es una plataforma de inteligencia artificial que ofrece soluciones para el procesamiento del lenguaje natural y el análisis de datos. Con Circle Labs, las empresas pueden aprovechar el poder de la IA para comprender y analizar datos textuales, como opiniones de clientes, comentarios de empleados, datos de redes sociales y mucho más. La plataforma ofrece herramientas avanzadas de análisis del lenguaje para extraer significado y conocimiento de textos no estructurados. Los usuarios pueden utilizar Circle Labs para conocer en profundidad las opiniones y emociones de los clientes, identificar tendencias y temas comunes y mejorar la comprensión de los comentarios. Circle Labs es una solución potente y flexible para las empresas que desean obtener información valiosa del texto y tomar decisiones basadas en datos.

- * ANÁLISIS DE DATOS

- **Kinetix**
- https://kinetix.tech/
-
- Kinetix es una plataforma de análisis de datos y rendimiento para empresas y usuarios que desean conocer mejor su rendimiento en línea. Con Kinetix, los usuarios pueden supervisar y analizar datos de tráfico web, conversiones, interacciones de los usuarios y mucho más. La plataforma ofrece herramientas avanzadas de análisis e informes para visualizar los datos de forma clara y comprensible. Los usuarios pueden obtener información detallada sobre el comportamiento de los usuarios en el sitio web, identificar áreas de mejora y tomar decisiones

informadas para optimizar la experiencia del usuario y maximizar los resultados. Kinetix es una solución completa y fiable para supervisar y mejorar el rendimiento en línea de empresas y sitios web.

- *ANÁLISIS DE DATOS DE MERCADO, COMPETENCIA
- **Falso**
- https://trustfinta.com/
-
- Finta es una herramienta de inteligencia empresarial y análisis de datos basada en inteligencia artificial que ayuda a las empresas a obtener información detallada sobre el mercado, los competidores y los clientes. Mediante algoritmos de aprendizaje automático, Finta recopila, procesa y analiza datos empresariales para proporcionar información detallada e informes personalizados. Esta herramienta es ideal para ejecutivos, analistas y empresarios que buscan obtener una visión clara y detallada de su posición en el mercado y tomar decisiones estratégicas basadas en datos.

- *ANÁLISIS, OPTIMIZACIÓN DE DATOS
- **Desenredar**
- https://detangle.ai/
-
- Detangle es una herramienta avanzada basada en inteligencia artificial diseñada para analizar y optimizar datos complejos. Utilizando sofisticados algoritmos de aprendizaje automático, Detangle ayuda a los usuarios a descubrir patrones ocultos e información significativa

en los datos, proporcionando una comprensión en profundidad de los datos analizados. Esta herramienta es especialmente útil para los profesionales de los negocios, las finanzas y el análisis de datos, ya que les permite obtener perspectivas estratégicas para tomar decisiones informadas y basadas en datos. Con su interfaz intuitiva y fácil de usar, Detangle simplifica el análisis de datos complejos, permitiendo a los usuarios extraer valor de los datos de forma rápida y eficaz.

- * ANÁLISIS DE DATOS

- **SurveySense**
- https://surveysense.ai/
-
- SurveySense es una herramienta de análisis de datos basada en inteligencia artificial que ayuda a las empresas a crear y analizar encuestas y cuestionarios para obtener comentarios y opiniones de los clientes. Con funciones de análisis de datos y generación de informes, SurveySense proporciona información valiosa para mejorar la satisfacción del cliente y tomar decisiones basadas en datos. Esta herramienta es muy apreciada por los responsables del servicio de atención al cliente, los profesionales del marketing y los investigadores de mercado que desean obtener una visión en profundidad de las opiniones de sus clientes.

- *ANÁLISIS DE MERCADO

- **Zeemo**
- https://zeemo.ai/zmapp/
-

- Zeemo es una herramienta de análisis de datos para marketing digital. Esta herramienta proporciona información detallada sobre el rendimiento de las campañas de marketing, incluidos los anuncios, las redes sociales y otras actividades digitales. Es útil para los profesionales del marketing que desean optimizar sus estrategias de marketing y alcanzar sus objetivos empresariales.

- *BÚSQUEDA DE DATOS HISTÓRICOS
- **Hola Historia**
- https://hellohistory.ai/
-

- Hello History es una herramienta de investigación y análisis histórico basada en inteligencia artificial que ofrece capacidades de extracción e interpretación de datos históricos. Mediante algoritmos de aprendizaje automático, Hello History analiza fuentes, documentos y textos históricos para obtener información detallada sobre el pasado. Esta herramienta es utilizada por historiadores, investigadores y entusiastas de la historia que desean explorar el pasado y obtener nuevas perspectivas sobre acontecimientos históricos.

- *EXTRACCIÓN, ANÁLISIS, VISUALIZACIÓN DE DATOS
- **Twee**
- https://twee.com/
-

- Twee es una herramienta de búsqueda y análisis de datos basada en inteligencia artificial. Esta herramienta ofrece funciones avanzadas para extraer, analizar y visualizar datos de distintas fuentes. Es útil para analistas de datos, científicos de datos e investigadores que deseen obtener información en profundidad de sus conjuntos de datos y tomar decisiones fundamentadas.

19. PALABRAS CLAVE

• *BÚSQUEDA POR PALABRA CLAVE

- **Ideas de palabras gemelas**
- https://twinword.com/
-
- Twinword Ideas es una herramienta de búsqueda de palabras clave que ayuda a los usuarios a encontrar las palabras clave más relevantes y buscadas para sus contenidos. Proporciona sugerencias de palabras clave basadas en temas o palabras clave básicas introducidas por los usuarios, ayudándoles a optimizar sus contenidos para lograr una mayor visibilidad en los motores de búsqueda.

• *BÚSQUEDA POR PALABRA CLAVE

- **Jaaxy**
- https://jaaxy.com/
-
- Jaaxy es una herramienta de investigación de palabras clave que ofrece datos en profundidad sobre las palabras clave más relevantes y competitivas para mejorar el posicionamiento en buscadores. Con Jaaxy,

los usuarios pueden obtener información sobre el volumen de búsquedas, la competencia, el tráfico potencial y otras métricas clave para ayudar a orientar la estrategia SEO. Esta herramienta es especialmente útil para los usuarios que desean obtener una ventaja competitiva en sus campañas de marketing online.

- *MONITORIZACIÓN, POSICIONAMIENTO DE PALABRAS CLAVE

- **Vigilancia nocturna**
- https://nightwatch.io/
-
- Nightwatch es una potente herramienta de monitorización de posiciones en buscadores que ofrece un análisis preciso y en tiempo real del posicionamiento de palabras clave. Con Nightwatch, los usuarios pueden supervisar los cambios en las posiciones de sus sitios web en los motores de búsqueda y obtener información valiosa sobre la competencia y las tendencias de búsqueda. Esta herramienta ayuda a tomar decisiones informadas para mejorar la visibilidad y la eficacia de las estrategias SEO.

- *MONITORIZACIÓN, POSICIONAMIENTO DE PALABRAS CLAVE

- **Rastreador de rangos**
- https://ranktracker.com/
-
- Rank Tracker es una herramienta que ofrece un seguimiento preciso de las posiciones de las palabras clave en los motores de búsqueda. Con Rank Tracker,

los usuarios pueden seguir las posiciones de sus palabras clave objetivo, controlar los cambios a lo largo del tiempo y obtener una visión detallada del rendimiento SEO de su sitio web. Esta herramienta es esencial en las campañas de SEO para optimizar las posiciones en los motores de búsqueda.

- *BÚSQUEDA POR PALABRA CLAVE
- **Rastreador de palabras**
- https://wordtracker.com/
-
- Word Tracker es una herramienta de investigación de palabras clave que ayuda a los usuarios a encontrar las palabras clave más relevantes y buscadas para optimizar el contenido de los sitios web. Con Word Tracker, los usuarios pueden obtener sugerencias de palabras clave basadas en las tendencias de búsqueda y el volumen de búsquedas, lo que les ayuda a crear contenidos relevantes y específicos para mejorar la visibilidad en los motores de búsqueda.

- *ANÁLISIS, POSICIONAMIENTO DE PALABRAS CLAVE
- **Clasificación IQ**
- https://rankiq.com/
-
- Rank IQ es una herramienta de análisis de palabras clave que proporciona datos detallados sobre el rendimiento de las palabras clave y la clasificación de los sitios web en los motores de búsqueda. Con Rank IQ, los usuarios pueden obtener información sobre la

competencia, el volumen de búsquedas, las tendencias de las palabras clave y mucho más, lo que les ayuda a optimizar los contenidos y mejorar la clasificación en los motores de búsqueda.

-
- *BÚSQUEDA POR PALABRA CLAVE

- **Herramienta de búsqueda de palabras clave Dominator - GOOGLE**
- https://keywordtooldominator.com/
-
- Esta herramienta de investigación de palabras clave ofrece sugerencias de palabras clave basadas en la búsqueda de Google, ayudando a los usuarios a encontrar palabras clave relevantes para optimizar el contenido de su sitio web. Con Keyword Research Tool Dominator, los usuarios pueden obtener información detallada sobre las palabras clave, incluyendo el volumen de búsqueda, la competencia y más, para guiar su estrategia SEO.

- *ANÁLISIS, POSICIONAMIENTO DE PALABRAS CLAVE

- **Click.com GOOGLE**
- https://clicky.com/
-
- Click.com es una herramienta de análisis de palabras clave que ofrece datos detallados sobre el rendimiento de las palabras clave y la clasificación de los sitios web en Google. Con Click.com, los usuarios pueden obtener información sobre clasificaciones de palabras clave, volúmenes de búsqueda, competencia y mucho más, lo que les ayuda a optimizar el contenido y

mejorar la visibilidad en los motores de búsqueda de Google.

• *BÚSQUEDA POR PALABRA CLAVE

• **Atlas Kevword**

• https://kevwordatlas.com/

•

• Kevword Atlas es una herramienta de investigación de palabras clave que ofrece sugerencias de palabras clave basadas en búsquedas de Google. Con Kevword Atlas, los usuarios pueden encontrar palabras clave relevantes e investigadas para optimizar el contenido de su sitio web y mejorar la visibilidad en los motores de búsqueda.

20. PROGRAMACIÓN, APP, APRENDIZAJE MÁQUINA, CODIFICACIÓN

• *IMPLANTACIÓN DE MODELOS DE APRENDIZAJE AUTOMÁTICO

• **Parque infantil AI**

• https://playgroundai.com/

•

• Playground AI es una potente herramienta de desarrollo basada en inteligencia artificial diseñada para explorar, implementar y probar modelos de aprendizaje automático y aprendizaje profundo. Esta herramienta ofrece a desarrolladores e investigadores un entorno interactivo e intuitivo para trabajar con algoritmos de inteligencia artificial, proporcionando una amplia gama de bibliotecas y recursos para desarrollar modelos avanzados. Con Playground AI, los usuarios pueden explorar y experimentar con diferentes modelos de inteligencia artificial, evaluando su eficacia y precisión en diferentes aplicaciones. Esta herramienta es un valioso recurso para los entusiastas del aprendizaje automático y la ciencia de datos, ya que ofrece un entorno de trabajo flexible y potente para desarrollar y probar nuevas soluciones basadas en IA.

• *DESARROLLO DE SOFTWARE
• **Código Squire**
• https://codesquire.ai/
•
• Code Squire es una herramienta de desarrollo de software basada en IA que ofrece funcionalidades avanzadas para desarrolladores de código. Con Code Squire, los desarrolladores pueden acceder a una amplia biblioteca de plantillas y fragmentos de código para simplificar y acelerar el proceso de desarrollo. La herramienta utiliza inteligencia artificial para sugerir y completar automáticamente el código según el contexto y las necesidades del proyecto. Además, Code Squire ofrece herramientas de depuración y análisis de código para detectar y resolver errores con mayor rapidez. Es una herramienta esencial para los desarrolladores que deseen aumentar la productividad y la precisión de su trabajo.

- *DESARROLLO DE MODELOS DE APRENDIZAJE AUTOMÁTICO

- **PoplarML**
- https://poplarml.com/
-
- PoplarML es una plataforma para desarrollar y gestionar modelos de aprendizaje automático. Esta herramienta ofrece un entorno intuitivo para crear, entrenar y poner en producción modelos de aprendizaje automático. Es útil para científicos de datos y desarrolladores que deseen implementar soluciones de aprendizaje automático en sus proyectos.

- *ESCRIBIR CÓDIGOS

- **Kodezi**
- https://kodezi.com/
-
- Kodezi es una herramienta de desarrollo de software basada en inteligencia artificial que te ayuda a escribir código de forma más rápida y eficiente. Con la ayuda de sus avanzados algoritmos, Kodezi ofrece sugerencias y complementos automáticos mientras escribes código, ahorrándote un tiempo valioso y reduciendo los errores. Puedes utilizar Kodezi con varios lenguajes de programación, incluyendo Python, JavaScript, Java y muchos otros. Kodezi es especialmente útil para programadores, desarrolladores e ingenieros de software que deseen mejorar su productividad y rendimiento en el proceso de escritura de código.

- *CREACIÓN DE APLICACIONES
- **Construir IA**
- https://buildai.space/
-
- Build AI es una herramienta que permite crear aplicaciones de inteligencia artificial sin escribir código. Esta herramienta ofrece capacidades de automatización y aprendizaje automático. Es útil para desarrolladores y empresas que desean explotar la inteligencia artificial sin conocimientos técnicos avanzados.

- *CREACIÓN DE APLICACIONES
- **Flujo de aleteo**
- https://flutterflow.io/
-
- Flutter Flow es una plataforma basada en inteligencia artificial que permite crear apps móviles nativas de forma rápida y sencilla. Con sus algoritmos avanzados, Flutter Flow te ofrece una interfaz intuitiva de arrastrar y soltar para diseñar y desarrollar apps sin tener que escribir código. Puede personalizar el diseño, añadir funciones interactivas y probar cómo funciona la aplicación en tiempo real. Con Flutter Flow, puedes convertir tus ideas en aplicaciones móviles que funcionen y estén listas para lanzarse en las principales plataformas.

- * CREACIÓN DE APLICACIONES
- **MobiRoller**

- https://mobiroller.com/en/
-
- MobiRoller es una plataforma que permite crear aplicaciones móviles personalizadas sin necesidad de conocimientos de programación. Con MobiRoller, puedes crear apps para iOS y Android con facilidad, añadiendo funciones como notificaciones push, integración con redes sociales, catálogos de productos y mucho más.

  - *TRANSFORMAR DIBUJOS en UI (interfaz de usuario)
- **Sketch2code**
- https://microsoft.com/ es-us/ai-lab-sketch2code/
-
- Sketch2code es una herramienta de inteligencia artificial que transforma dibujos hechos a mano de la interfaz de usuario (IU) en código HTML y CSS funcional. Los usuarios pueden crear rápidamente prototipos de sitios web y aplicaciones sin tener que escribir código manualmente. Es un recurso excelente para diseñadores, desarrolladores y emprendedores que quieran convertir sus ideas de diseño en prototipos funcionales.

  - *CREACIÓN DE MODELOS DE APRENDIZAJE AUTOMÁTICO
- **Akkio**
- https://akkio.com/
-
- Akkio es una plataforma de aprendizaje automático que permite a los usuarios crear e implementar

modelos de aprendizaje automático de forma fácil e intuitiva. Es ideal para analizar datos, hacer predicciones y tomar decisiones basadas en datos.

- *CREACIÓN DE APLICACIONES, SITIOS WEB

- **Cabina NoCode**
- https://nocodebooth.com/
-
- NoCode Booth es una aplicación que permite a los usuarios crear aplicaciones y sitios web sin necesidad de escribir código. Utiliza IA para simplificar el proceso de desarrollo y hacer más accesible la creación de aplicaciones.

- *GENERACIÓN PERSONALIZADA DE IDIOMAS

- **CustomGPT**
- https://customgpt.ai/
-
- CustomGPT es una herramienta de generación de lenguaje basada en GPT (Generative Pre-trained Transformer) que permite a los usuarios crear modelos de lenguaje personalizados para sus necesidades específicas.

- *ESCRIBIR CÓDIGO DE PROGRAMACIÓN

- **CodeCraft**
- https://codecraft.ai/
-
- CodeCraft es una herramienta de desarrollo de software basada en inteligencia artificial que ayuda a los desarrolladores a escribir código más eficiente y

libre de errores. Con algoritmos de análisis y corrección de código, CodeCraft detecta errores comunes y sugiere soluciones óptimas, mejorando la calidad y fiabilidad del software. Esta herramienta es ideal para desarrolladores, ingenieros de software y equipos de programación que deseen optimizar el proceso de desarrollo y obtener resultados de alta calidad.

21. TRANSCRIPCIÓN DE AUDIO, VÍDEO

- *TRANSCRIPCIÓN DE AUDIO A TEXTO
- **Montaje AI**
- https://assemblyai.com/
-
- Assembly AI es un servicio de transcripción de voz basado en inteligencia artificial que ofrece una conversión precisa de grabaciones de audio en texto escrito. Gracias a su avanzada tecnología de reconocimiento de voz, Assembly AI es capaz de convertir con precisión y rapidez archivos de audio en texto comprensible y formateado. Esta herramienta es especialmente útil para profesionales del periodismo, la investigación y el análisis de contenidos de audio, ya que les permite transcribir entrevistas, discursos, podcasts y mucho más con gran facilidad. Assembly AI simplifica el proceso de transcripción, ahorrando tiempo y esfuerzo y proporcionando resultados de alta

calidad para una gran variedad de requisitos de
trabajo.

• *MASTERIZACIÓN DE AUDIO

• **LANDR**

• https://landr.com/

•

• LANDR es una herramienta de masterización de audio
basada en inteligencia artificial ideal para músicos,
productores y creadores de contenidos de audio.
Mediante algoritmos de aprendizaje automático,
LANDR analiza y optimiza las pistas de música para
mejorar la calidad del sonido, el equilibrio de
frecuencias y la claridad. Los usuarios pueden
conseguir una masterización profesional y atractiva sin
necesidad de conocimientos técnicos avanzados.
LANDR se utiliza ampliamente en la industria musical y
en entornos de producción de audio, ya que ofrece
una forma rápida y eficaz de conseguir resultados de
alta calidad.

• *TRANSCRIPCIÓN PODCAST, CONTENIDO AUDIO

• **Oyente FM**

• https://listener.fm/

•

• Listener FM es un servicio de transcripción basado en
inteligencia artificial para podcasts y contenidos de
audio. Gracias a la IA, Listener FM permite convertir
grabaciones de audio en texto escrito de forma rápida
y precisa, facilitando la comprensión y accesibilidad de
los contenidos de audio

- *TRANSCRIPCIÓN DE AUDIO Y VÍDEO

- **Primera hora**
- https://hourone.ai/
-
- Hour One es una herramienta de transcripción automática basada en inteligencia artificial. Esta herramienta convierte archivos de audio y vídeo en texto escrito con rapidez y precisión, ahorrando tiempo y esfuerzo de transcripción manual. Hour One es especialmente útil para quienes trabajan en medios de comunicación, investigación, educación y producción de contenidos.

- *TRANSCRIPCIÓN DE TEXTOS AL DICTADO

- **Dictado**
- https://dictation.io/
-
- Dictation es una herramienta de dictado de voz basada en inteligencia artificial que permite transcribir textos y documentos a través de la voz. La IA de Dictation es capaz de reconocer y convertir la voz en texto con gran precisión, lo que facilita la creación de contenidos escritos sin necesidad de utilizar un teclado.

- *TRANSCRIPCIÓN DE VOZ

- **Tipo de voz**
- https://voicetype.io/
-
- VoiceType es una herramienta de transcripción de voz basada en inteligencia artificial. Esta herramienta permite a los usuarios grabar su propia voz y

convertirla en texto escrito de forma rápida y precisa. Es ideal para quienes deseen transcribir reuniones, entrevistas o notas de voz sin tener que teclearlas manualmente. VoiceType es útil para profesionales que necesitan una transcripción eficaz y precisa para documentar contenidos de voz.

• *ANÁLISIS DE CONTENIDOS, RESÚMENES

- **YouTube resumido**
- https://youtubesummarized.com/
-
- YouTube Summarised es una herramienta basada en inteligencia artificial que proporciona una experiencia de visualización de vídeos en YouTube más eficiente y centrada. Esta innovadora herramienta utiliza algoritmos avanzados de aprendizaje automático para analizar el contenido de los vídeos de YouTube y crear resúmenes precisos y concisos de cada vídeo. Los usuarios pueden elegir ver los resúmenes en lugar de los vídeos completos, ahorrando tiempo y obteniendo la esencia del contenido.YouTube Resumido es especialmente útil para los usuarios que quieren obtener rápidamente la información clave de un vídeo, sin tener que ver la duración completa del vídeo. Además, esta herramienta ayuda a gestionar el agobio causado por la gran cantidad de contenidos disponibles en YouTube, permitiendo a los usuarios obtener una visión general sin sentirse abrumados. Esta herramienta es un recurso excelente para estudiantes, investigadores, profesionales y cualquier persona que desee acceder rápidamente a información relevante de los vídeos de YouTube. YouTube Resumido simplifica la experiencia de visualización de

YouTube, permitiendo a los usuarios centrarse en lo que más importa sin perder un tiempo valioso.

-

  - *TEXTO RESUMIDO

- **Resumidor**
- https://www.summarizer.org/
-

- Summarizer es una IA de resumen de textos que permite a los usuarios obtener resúmenes precisos y concisos de documentos, artículos y textos largos. Con Summarizer, los usuarios pueden introducir el texto o la URL del documento a resumir, y la herramienta utiliza algoritmos de inteligencia artificial para analizar el contenido y generar un resumen conciso que captura la información clave y los aspectos más destacados. Es una herramienta útil para cualquiera que necesite obtener rápidamente una visión general del contenido sin tener que leer todo el texto. Es perfecta para estudiantes, profesionales y aficionados a la lectura que quieran ahorrar tiempo y obtener información esencial de forma eficaz.

  - *TRANSCRIPCIÓN DE AUDIO, VÍDEO

- **Cuetap**
- https://cuetap.com/
-

- Cuetap es una plataforma que utiliza inteligencia artificial para analizar y transcribir automáticamente contenidos de audio y vídeo. Los usuarios pueden subir grabaciones de audio o vídeo y obtener una transcripción de texto en unos instantes, lo que simplifica el proceso de archivo y búsqueda de información.

- *TRANSCRIPCIÓN, SÍNTESIS DE VOZ
  -

- **VoicePen AI**
- https://voicepen.ai/
-
- VoicePen AI es una herramienta avanzada de transcripción y síntesis de voz basada en inteligencia artificial que permite a los usuarios convertir voz en texto y texto en voz, ideal para profesionales que necesitan convertir archivos de audio en texto escrito.

- *TRANSCRIPCIÓN DE AUDIO EN TEXTO
- **Steno**
- https://steno.ai/
-
- Steno es una avanzada aplicación basada en inteligencia artificial que permite convertir automáticamente grabaciones de audio en texto escrito. Gracias a sus potentes algoritmos de reconocimiento de voz, Steno puede transcribir archivos de audio con rapidez y precisión, ahorrándole un valioso tiempo en transcripciones manuales. Es una herramienta ideal para periodistas, investigadores, escritores y profesionales de diversos sectores que necesiten convertir conversaciones, entrevistas y discursos en texto escrito. Con la opción de exportar archivos en distintos formatos, Steno le ofrece la máxima flexibilidad a la hora de gestionar sus transcripciones e integrarlas en sus proyectos.

22. SALUD, BIENESTAR, FORMACIÓN

• *BIENESTAR MENTAL

• **Hey Mind AI**

• https://heymindai.co/

•

• Hey Mind AI es una herramienta de inteligencia artificial dedicada al bienestar mental y la gestión del estrés. Con la ayuda de Hey Mind AI, los usuarios pueden acceder a contenidos, ejercicios y recursos personalizados para mejorar la salud mental y el bienestar.

• *ESCUCHA Y ASESORAMIENTO

• **Mi mente**

• https://mymind.com/

•

• My Mind es una herramienta de apoyo a la salud mental basada en inteligencia artificial. Esta herramienta ofrece servicios virtuales de escucha y asesoramiento para ayudar a los usuarios a gestionar el estrés, la ansiedad y otros problemas emocionales. Mediante técnicas de inteligencia artificial, My Mind proporciona apoyo personalizado y discreto para mejorar el bienestar mental de los usuarios.

- *CÁLCULO DE SUEÑO

- **Hora de dormir**
- https://sleepyti.me/
-
- Sleepy Time es una herramienta de cálculo del sueño que ayuda a determinar las mejores horas para irse a dormir y despertarse con el fin de optimizar la calidad del sueño. Esta herramienta calcula los ciclos de sueño para que te despiertes durante una fase de sueño ligero, haciendo que el despertar sea más reparador. Es útil para cualquiera que desee mejorar la calidad del sueño y tener un día más productivo.

- *SALUD, BIENESTAR

- **Cuerpo interior**
- https://innerbody.com/
-
- Inner Body es una IA que ofrece servicios de análisis y seguimiento de la salud y el bienestar. Con Inner Body, los usuarios pueden monitorizar sus parámetros físicos y fisiológicos, obtener consejos y sugerencias para mantener un estilo de vida saludable y alcanzar sus objetivos de fitness. La herramienta utiliza algoritmos de aprendizaje automático para procesar datos y proporcionar informes personalizados sobre la salud de los usuarios, permitiéndoles tomar decisiones informadas y responsables sobre su propio bienestar. Es especialmente útil para deportistas, entusiastas del fitness y cualquier persona que desee controlar de cerca su salud y su rendimiento físico.

- *AUDIO RELAJANTE

- **Humor lluvioso**
- https://rainymood.com/

-

- Rainy Mood es un sitio web que ofrece una experiencia de audio relajante, creando una agradable atmósfera de lluvia para ayudar a las personas a relajarse, concentrarse o conciliar el sueño. A través del sonido natural de la lluvia, Rainy Mood crea una atmósfera tranquila y apacible, ideal para reducir el estrés y la ansiedad, mejorar la concentración mientras se estudia o trabaja, o simplemente disfrutar de un momento de relax. El sonido de la lluvia se acompaña de suaves melodías de fondo que ayudan a crear una atmósfera aún más agradable.

- ***ASISTENCIA SANITARIA**

- **Botika**
- https://botika.io/

-

- Botika es una innovadora herramienta sanitaria basada en la inteligencia artificial. Proporciona apoyo y asesoramiento médico personalizado a los usuarios, ayudándoles a comprender sus síntomas y a tomar decisiones sanitarias con conocimiento de causa. Botika utiliza algoritmos de aprendizaje automático para analizar datos médicos y proporcionar información precisa y actualizada. Puede responder a preguntas habituales sobre salud, dar recomendaciones sobre estilos de vida y ofrecer apoyo emocional. Es un recurso valioso para cualquiera que desee acceder a un asesoramiento médico fiable y cómodo en cualquier momento.

23. TRADUCCIONES

- *TRANSLATIONS

- **Supares**
- https://supares.com/
-
- Supares es una herramienta de traducción basada en inteligencia artificial. Con la ayuda de Supares, los usuarios pueden traducir textos y contenidos a diferentes idiomas de forma rápida y precisa.

- *TRADUCTOR

- **Reverso**
- https://documents.reverso.net/
-
- Reverso es una herramienta de traducción en línea que ofrece servicios de traducción de textos y documentos en diferentes idiomas. Esta herramienta utiliza algoritmos avanzados de inteligencia artificial para proporcionar traducciones precisas y de alta calidad. Es útil para estudiantes, profesionales y viajeros que necesiten traducir textos o comunicarse en diferentes idiomas.

- *TRANSLATIONS

- **Super Traducir**

- https://supertranslate.ai/

-

- Super Translate es una herramienta de traducción básada en inteligencia artificial que ofrece traducciones rápidas y precisas en más de 100 idiomas. Los usuarios sólo tienen que introducir el texto o la URL que desean traducir y Super Translate proporcionará inmediatamente la traducción deseada. Esta herramienta utiliza algoritmos avanzados de aprendizaje automático para mejorar constantemente sus capacidades de traducción y garantizar resultados precisos y de alta calidad. Super Translate es especialmente útil para viajeros, estudiantes, empresas internacionales y cualquier persona que necesite comunicarse en varios idiomas. Con su interfaz sencilla e intuitiva y su rápida velocidad de traducción, Super Translate es un aliado fiable para las necesidades diarias de traducción.

- Deep Motion: Deep Motion es una herramienta de animación avanzada basada en inteligencia artificial. Permite a los usuarios crear animaciones fluidas y realistas utilizando algoritmos de aprendizaje automático para generar movimientos naturales. Con Deep Motion, los animadores pueden conseguir resultados de alta calidad más rápidamente, ya que el sistema es capaz de aprender de los ejemplos y sugerir movimientos coherentes y fluidos. Es especialmente útil para crear animaciones para juegos, películas, anuncios y mucho más.

24. FORMACIÓN, EDUCACIÓN

• *ASISTENCIA AUTOMÁTICA

• **ChatGPT para Google**

• https://chatgpt4google.com/

•

• ChatGPT para Google es una herramienta que utiliza el modelo de inteligencia artificial ChatGPT para responder preguntas y proporcionar asistencia de forma automática. Es útil para las empresas que deseen implementar un asistente virtual para responder a las consultas de los clientes de forma puntual y precisa.

• *APRENDIZAJE DE IDIOMAS

• **Memrise**

• https://memrise.com/

•

• Memrise es una aplicación de aprendizaje de idiomas basada en inteligencia artificial. Con avanzados algoritmos de aprendizaje automático, la aplicación personaliza el proceso de aprendizaje según las capacidades y preferencias del usuario. Los usuarios pueden aprender vocabulario, frases y gramática de forma interactiva y atractiva, convirtiendo el aprendizaje de idiomas en una experiencia divertida y estimulante.

- *CREACIÓN DE CURSOS EN LÍNEA
- **Enseñar cualquier cosa**
- https://teach-anything.com/
-
- Teach Anything es una plataforma avanzada de creación e intercambio de cursos en línea. Con potentes herramientas de e-learning, los profesores pueden crear cursos atractivos sobre cualquier tema y ofrecer una experiencia de aprendizaje personalizada a los alumnos.

- * APRENDIZAJE
- **Laboratorios Sana**
- https://sanalabs.com/
-
- Sana Labs es una plataforma de aprendizaje personalizado basada en inteligencia artificial que adapta los contenidos y las experiencias de aprendizaje para maximizar la comprensión y la atención. Mediante algoritmos de aprendizaje automático, Sana Labs ofrece a los alumnos una experiencia de aprendizaje altamente personalizada y eficaz.

- *BUSCAR LIBROS NUEVOS
- **Encuentre su próximo libro**
- https://findyournextbook.ai/
-
- Find Your Next Book es una herramienta basada en inteligencia artificial para aficionados a la lectura. Mediante algoritmos de aprendizaje automático, la

aplicación permite a los usuarios descubrir nuevos libros y autores en función de sus gustos y preferencias. Los usuarios pueden introducir los libros que les han gustado y la aplicación les ofrecerá recomendaciones personalizadas basadas en esos títulos. Es una gran herramienta para descubrir nuevas lecturas y ampliar horizontes literarios.

- *BÚSQUEDA DE BECAS

- **Becas**
- https://scholarships.com/
-
- Scholarships es una herramienta de búsqueda de becas basada en inteligencia artificial. Gracias a la IA, Scholarships ayuda a los estudiantes a encontrar oportunidades de becas en función de sus intereses y requisitos.

- *TEMAS DE PROFUNDIZACIÓN

- **Quora**
- https:///quora.com/
-
- Quora es una plataforma de preguntas y respuestas basada en inteligencia artificial en la que los usuarios pueden hacer preguntas sobre una amplia gama de temas y recibir respuestas de los miembros de la comunidad. Esta plataforma permite a los usuarios acceder a amplios conocimientos y experiencia sobre diversos temas, gracias a las respuestas proporcionadas por expertos y entusiastas. Quora es un excelente recurso para obtener información, profundizar en temas específicos y conocer distintas

perspectivas sobre diferentes cuestiones. Los usuarios pueden hacer preguntas y aportar sus propias respuestas, creando una comunidad para intercambiar conocimientos y compartir experiencias.

• *SCIENCE

• **Escaleras**
• https://htwins.net/scale2/
•
• Scale es una herramienta interactiva que permite a los usuarios explorar las dimensiones del universo, desde el nivel subatómico hasta las dimensiones cósmicas. Esta visualización inmersiva permite a los usuarios apreciar la inmensidad del espacio y la escala de las distintas entidades del universo, proporcionando una experiencia educativa y fascinante. Mediante una combinación de gráficos y texto explicativo, Scale hace accesibles conceptos científicos complejos, permitiendo a cualquiera comprender mejor el universo en el que vivimos.

• *INFORMACIÓN

• **Alison**
• https://alison.com/
•
• Alison es una plataforma basada en inteligencia artificial que ofrece cursos gratuitos de formación en línea sobre una amplia gama de temas. Con Alison, puedes acceder a cursos de educación superior, formación profesional, idiomas extranjeros, desarrollo personal y mucho más. Gracias a sus avanzados algoritmos, Alison te ofrece una serie de herramientas

de aprendizaje interactivas, como vídeos, ejercicios, cuestionarios y certificaciones reconocidas internacionalmente. Es una plataforma ideal para cualquiera que desee ampliar sus competencias y conocimientos, ya que ofrece oportunidades de aprendizaje accesibles y de alta calidad.

• *MOTOR DE BÚSQUEDA

• **Findly**

• https://findly. ai/

•

• Findly es un motor de búsqueda basado en IA que permite a los usuarios buscar y descubrir contenidos, recursos e información relevantes de forma rápida y eficaz.

• *INFORMACIÓN

• **Crecer con Google**

• https://grow.google/

•

• Crecer con Google es una iniciativa de formación y apoyo ofrecida por Google para ayudar a las personas y a las empresas a desarrollar competencias digitales y crecer en el mundo digital. A través de una amplia gama de recursos, cursos y herramientas, Crecer con Google ofrece oportunidades de aprendizaje y crecimiento para mejorar las competencias profesionales, poner en marcha un negocio en línea y aprovechar al máximo las oportunidades digitales. Esta iniciativa es una valiosa ayuda para empresarios, estudiantes, profesionales y cualquier persona que desee ampliar sus competencias digitales y aprovechar al máximo el potencial de la web.

- *COMPROBAR INFORMACIÓN

- **Legit**
- https://legit.com/
-
- Legit es una herramienta basada en inteligencia artificial que proporciona verificación de información en línea. Esta herramienta analiza datos y contenidos de distintas fuentes para evaluar la autenticidad y fiabilidad de la información. Es especialmente útil para detectar noticias falsas, estafas o información engañosa en línea. Legit proporciona análisis precisos y oportunos, ayudando a los usuarios a tomar decisiones informadas e identificar fuentes fiables.

- *GENERADOR DE RESPUESTAS SOBRE CADA TEMA

- **Pregunte a un AI**
- https://askan.ai/
-
- Ask an AI es una herramienta para hacer preguntas y recibir respuestas basadas en inteligencia artificial. Esta herramienta utiliza modelos lingüísticos avanzados para proporcionar respuestas precisas e informativas. Es útil para quienes desean obtener información y puntos de vista sobre una amplia gama de temas.

- *INFORMACIÓN

- **Código Academia**

- https://codecademy.com/
-
- Code Academy es una reputada plataforma educativa que ofrece cursos interactivos de programación y desarrollo web. Perfecta tanto para principiantes como para desarrolladores experimentados, Code Academy ofrece una amplia gama de cursos que abarcan los principales lenguajes de programación y tecnologías web. Los cursos están estructurados de forma clara y progresiva, lo que permite a los usuarios adquirir conocimientos de manera organizada y sistemática. Los experimentados instructores ofrecen explicaciones detalladas y claras, mientras que los ejercicios prácticos ayudan a los estudiantes a poner en práctica los conocimientos adquiridos. Code Academy es una plataforma excelente para adquirir competencias en desarrollo y programación web y tener acceso a una gran comunidad de aprendizaje.

- *ASISTENTE VIRTUAL

- **Nivel AI**
- https://latentlabs.art/
-
- Level AI es un avanzado sistema de asistencia virtual basado en inteligencia artificial, que proporciona respuestas inteligentes y apoyo a preguntas y tareas comunes. Con capacidades de aprendizaje automático, Level AI se adapta a las necesidades del usuario y ofrece soluciones rápidas y precisas.

- *CONOCIMIENTO

- **Explique esto**

- https://explainthis.ai/
-
- Explain This es una aplicación basada en inteligencia artificial que te ayuda a comprender conceptos y temas complejos. Puede utilizar Explain This para obtener explicaciones detalladas y claras sobre cualquier tema, desde conceptos científicos hasta nociones matemáticas, desde teorías filosóficas hasta temas históricos. Gracias a sus potentes algoritmos de análisis de datos, Explain This extrae información relevante de fuentes fiables y le proporciona explicaciones precisas y en profundidad. Gracias a sus avanzadas funciones de visualización de datos, podrá explorar gráficos y diagramas que le ayudarán a comprender mejor las relaciones y conexiones entre conceptos. Con Explain This, puedes ampliar tus conocimientos y comprender mejor el mundo que te rodea.

  - *INVESTIGACIÓN, PUBLICACIONES CIENTÍFICAS
- **IRIS AI**
- https://iris.ai/
-
- IRIS AI es una herramienta basada en inteligencia artificial que le ayuda a encontrar y analizar investigaciones y publicaciones científicas. Con la ayuda de sus avanzados algoritmos, IRIS AI es capaz de extraer información clave de documentos científicos, permitiéndole localizar rápidamente información relevante para sus estudios e investigaciones. Puede utilizar IRIS AI para buscar temas específicos, identificar tendencias y correlaciones en los datos y descubrir nuevos

hallazgos científicos. Es una herramienta esencial para investigadores, académicos y estudiantes que deseen acceder a una amplia base de conocimientos científicos y obtener información valiosa para sus estudios y proyectos de investigación.

25. FINANZAS

- *PREVISIÓN DE LOS MERCADOS FINANCIEROS
- **Neuroflash**
- https://neuroflash.com
-
- Neuroflash es una herramienta de aprendizaje automático para la previsión de los mercados financieros. Utilizando datos financieros y modelos predictivos, Neuroflash ofrece previsiones de mercado precisas y oportunas, ayudando a los inversores a tomar decisiones con conocimiento de causa. Esta herramienta es especialmente útil para quienes trabajan en el sector financiero y buscan información fiable para operar e invertir.

- *ANÁLISIS, PREVISIONES FINANCIERAS
- **Marmof**
- https://marmof.com/
-

- Marmof es una herramienta de análisis y previsión financiera basada en inteligencia artificial que ayuda a las empresas a gestionar sus finanzas de forma más eficiente. Mediante algoritmos de aprendizaje automático, Marmof analiza datos financieros pasados y presentes para ofrecer previsiones precisas y evaluaciones de riesgos. Esta herramienta es ideal para gestores financieros, asesores y empresarios que quieran optimizar la gestión financiera y tomar decisiones informadas para el futuro.

- *PLATAFORMA DE REEMBOLSO
- **Top Cash App**
- https://topcashback.co.uk/
-
- Top Cash App es una plataforma de cashback que ofrece a los usuarios la oportunidad de ganar dinero extra mientras compran online. Con Top Cash App, los usuarios pueden acceder a ofertas y descuentos exclusivos de miles de tiendas online, y recibir un porcentaje del dinero gastado en forma de cashback. Esta herramienta es ideal para quienes disfrutan comprando por Internet y quieren maximizar sus ahorros. Basta con registrarse en la aplicación Top Cash, buscar la tienda deseada y hacer clic en el enlace de cashback para acceder al sitio web de la tienda. Una vez realizada la compra, el cashback se abonará automáticamente en la cuenta del usuario. Con Top Cash App, comprar en Internet es aún más cómodo y gratificante.

- *OPERACIONES FINANCIERAS, CONTABILIDAD
- **Súmalo**

- https://summate.it/
-
- Summate It es una aplicación de última generación basada en inteligencia artificial diseñada para simplificar y optimizar sus operaciones financieras y contables. Gracias a sus potentes algoritmos de análisis de datos, Summate It le ayuda a gestionar sus presupuestos financieros, controlar los ingresos y gastos y obtener previsiones sobre sus finanzas futuras. Puede utilizar Summate It para realizar un seguimiento de sus transacciones, automatizar los cálculos contables y generar informes financieros detallados. Gracias a sus avanzadas funciones de análisis de datos, podrá conocer en profundidad su situación financiera y tomar decisiones informadas sobre sus inversiones y ahorros.

26. ANÁLISIS DE IMÁGENES, VÍDEO, SEGURIDAD, PRIVACIDAD

- *ANÁLISIS DE IMAGEN
- **Lensco**
- https://lensco.ai/
-
- Lensco es una herramienta de análisis de imágenes basada en inteligencia artificial. Esta herramienta utiliza algoritmos avanzados para reconocer objetos,

personas y otras cosas en las imágenes y ofrecer un análisis en profundidad de la propia imagen. Lensco es útil para el análisis de imágenes en diversos campos, como el marketing, la investigación y el seguimiento de medios de comunicación.

- *ANÁLISIS DE IMÁGENES, OBJETOS...

- **Imagen AI**
- https://zmo.ai/
-
- Imagen AI es una herramienta de análisis de imágenes basada en inteligencia artificial. Esta herramienta utiliza algoritmos avanzados para identificar objetos, personas, escenas y más en imágenes y proporcionar análisis detallados. Resulta especialmente útil para el análisis de imágenes en diversos campos, como el reconocimiento de productos, la vigilancia y la automatización de procesos.

- *VERIFICACIÓN DE VIOLACIONES DE CONTRASEÑA,CORREO

- **¿Me han empeñado?**
- http://haveibeenpwned.com/
-
- Have I Been Pawned es una herramienta que permite a los usuarios comprobar si su dirección de correo electrónico o su contraseña se han visto comprometidas en una violación de datos. Los usuarios pueden introducir su dirección de correo electrónico y el servicio les proporcionará información sobre cualquier violación de la seguridad que afecte a esa dirección.

- *GESTIÓN DE COOKIES

- **Administrador de cookies de Firefox**

- https://addons.mozilla.org/en-US/firefox/addo n/a-cookie-manager/

-

- Firefox Cookie Manager es una extensión para el navegador Firefox que permite gestionar y controlar las cookies de los sitios web. La extensión ofrece funciones para ver y eliminar cookies, bloquear cookies de seguimiento y gestionar las preferencias de privacidad.

- *RECONOCIMIENTO DE IMÁGENES

- **Kadoa**

- https://kadoa.com/

-

- Kadoa es una herramienta de reconocimiento de imágenes basada en inteligencia artificial que ayuda a identificar objetos y sujetos en imágenes, útil para diseñadores y creativos que quieren encontrar imágenes específicas para sus proyectos.

- *ANÁLISIS DE VÍDEO, RECONOCIMIENTO DE IMÁGENES

- **Fathom**

- https://fathom. video/

-

- Fathom es una herramienta de análisis de vídeo basada en inteligencia artificial. Esta herramienta ofrece funciones avanzadas para analizar vídeo, detectar objetos, seguir movimientos y reconocer escenas. Resulta especialmente útil para la vigilancia, la seguridad, la producción de contenidos multimedia y la investigación científica. Fathom proporciona análisis detallados e informes sobre los datos de vídeo, lo que permite a los usuarios obtener información en profundidad y tomar decisiones basadas en datos.

- * ANÁLISIS DE IMÁGENES Y VÍDEO PARA LA AUTOMATIZACIÓN

- **Aterrizaje AI**
- https://landing.ai/
-
- Landing AI es una herramienta de análisis visual basada en inteligencia artificial. Esta herramienta ofrece funciones avanzadas de análisis de imágenes y vídeos con fines industriales y de automatización. Es útil para empresas que deseen implantar soluciones de visión artificial e inteligencia artificial en sus procesos de producción y automatización.

- *SEGURIDAD, VIGILANCIA

- **Cámara Alfred**
- https://alfred.camera/
-
- Alfred Camera es una herramienta que convierte dispositivos móviles, como smartphones o tabletas, en cámaras de videovigilancia. A través de la app Alfred Camera, los usuarios pueden transmitir vídeo en tiempo real desde su dispositivo principal (como un smartphone) a otro dispositivo (como otro smartphone

o tableta) que actúa como monitor de seguridad. La app utiliza la conexión Wi-Fi para transmitir los vídeos, lo que permite a los usuarios controlar y vigilar las zonas vigiladas incluso cuando están fuera de su casa u oficina.

- La aplicación Alfred Camera ofrece varias funciones de seguridad, como detección de movimiento, notificaciones de actividades sospechosas y la posibilidad de grabar y guardar vídeos para revisarlos más tarde. Es una opción económica para implantar un sistema de videovigilancia doméstico o para vigilar estancias como la oficina o el garaje.

- *SEGUIMIENTO DEL MOVIMIENTO DE LA MANO
- **Rastreador manual**
- https://rdtr01.xl.digital/
-
- Hand Tracker es una herramienta basada en IA para detectar y rastrear manos en tiempo real a partir de vídeos o imágenes de cámara. Esta tecnología es útil para aplicaciones de realidad aumentada, reconocimiento de gestos e interacciones hombre-máquina.

- *IDENTIFICACIÓN, CLASIFICACIÓN DE OBJETOS
- **Vidrio AI**
- https://glass.health/
-
- Glass AI es una IA de reconocimiento de imágenes que permite a los usuarios identificar y clasificar objetos y elementos dentro de una imagen. Con Glass AI, los usuarios pueden subir una imagen o proporcionar una

URL y la herramienta utiliza algoritmos de inteligencia artificial para analizar la imagen e identificar los objetos presentes, proporcionando una descripción detallada de cada elemento. Se trata de un valioso recurso para diseñadores, desarrolladores y profesionales del sector que deseen obtener información rápida y precisa sobre el contenido de las imágenes. Glass AI es también una excelente solución para el reconocimiento de objetos en aplicaciones de realidad aumentada y virtual.

• *ANÁLISIS DE IMÁGENES, VÍDEO

- **Ojo para AI**
- https://eyeforai.xyz/
-
- Eye for AI es una plataforma avanzada de reconocimiento y análisis visual basada en inteligencia artificial. Esta herramienta permite a los usuarios cargar y analizar imágenes o vídeos para extraer información relevante, reconocer objetos, personas, caras y mucho más. Es útil para aplicaciones de vigilancia, análisis de datos visuales, automatización industrial y mucho más. Eye for AI ofrece una gran precisión y capacidades de aprendizaje automático para mejorar continuamente la capacidad de reconocimiento. Es un recurso valioso para empresas, institutos de investigación y desarrolladores que necesitan analizar grandes cantidades de datos visuales de forma rápida y eficaz.

• *ANÁLISIS DE IMÁGENES MÉDICAS

- **Lunit**
- https://lunit.io/en/

-
- Lunit es una herramienta de inteligencia artificial para el análisis de imágenes médicas que le ayuda a diagnosticar e interpretar datos de imagen con precisión y rapidez. Con la ayuda de sus avanzados algoritmos, Lunit puede reconocer y clasificar anomalías y patologías en imágenes médicas, ayudando a los profesionales de la salud a tomar decisiones informadas y personalizar los planes de tratamiento para los pacientes. Lunit se utiliza ampliamente en el ámbito médico, incluidos radiólogos, oncólogos, cardiólogos y otros especialistas que confían en la precisión y eficacia de la inteligencia artificial para mejorar la atención médica.

27.GENERADOR DE IDEAS, PROYECTOS

- *IDEAS, SUGERENCIAS CREATIVAS
- **Caza de pistas**
- https://prompthunt.co
-
- Prompt Hunt es una herramienta de generación de ideas basada en inteligencia artificial. Esta herramienta ofrece sugerencias creativas e inspiración para escribir, ayudando a autores y creadores de contenidos a superar el bloqueo del escritor y obtener nuevas ideas para sus proyectos.

- *SUGERIR IDEAS CREATIVAS

- **Dreamup**
- https://dreamup.com/
-
- Dreamup es una IA que ayuda a generar y optimizar ideas creativas, proporcionando sugerencias e inspiración para proyectos de diseño y contenidos. Mediante algoritmos de aprendizaje automático, Dreamup analiza datos e información sobre tendencias para proporcionar aportaciones detalladas y relevantes para el proceso creativo. Esta herramienta es especialmente útil para diseñadores, redactores, creadores de contenidos y otros creativos que buscan nuevas ideas y enfoques para sus proyectos. Con Dreamup, los usuarios pueden obtener una visión general de las tendencias del sector, las preferencias del público y las oportunidades de innovación, lo que les ayuda a realizar proyectos de éxito y alta calidad.

- *GENERADOR DE IDEAS

- **Ideas AI**
- https://ideasai.com/
-
- Ideas AI es una herramienta de generación de ideas basada en la inteligencia artificial. Esta herramienta ofrece sugerencias creativas para estimular la creatividad y generar nuevas ideas. Es útil para escritores, creativos y emprendedores que buscan inspiración para sus proyectos.

- *CREACIÓN DE IDEAS, PROYECTOS

- **Booom AI**

- https://joinplayroom.com/games/booom/
-
- Booom AI es una herramienta creativa que utiliza la IA para ayudar a los usuarios a generar ideas innovadoras y creativas para proyectos, campañas publicitarias, diseño y mucho más.

- *GENERACIÓN DE IDEAS

- **Idea amigo**
- https://ideabuddy.com/
-
- Idea buddy es una IA de generación de ideas que ayuda a los usuarios a encontrar inspiración y generar nuevas ideas para proyectos creativos, campañas de marketing, narración de historias y mucho más. Con Idea buddy, los usuarios pueden especificar un tema o asunto deseado y la herramienta utiliza algoritmos de inteligencia artificial para generar una serie de ideas creativas y originales. Es una valiosa herramienta para escritores, diseñadores, profesionales del marketing y creativos que desean superar el bloqueo creativo y encontrar nuevas soluciones y perspectivas. Idea buddy ofrece un flujo constante de ideas innovadoras e inspiradoras, estimulando la creatividad y aportando nuevas perspectivas para cada proyecto.

- *IDEAS, CREATIVIDAD

- **Prompt Laver**
- https://promptlayer.com/
-

- Prompt Laver es una aplicación basada en inteligencia artificial que te ayuda a generar ideas y estimular tu creatividad. Con algoritmos avanzados de generación de ideas, Prompt Laver ofrece indicaciones creativas y estimulantes que te ayudan a superar el bloqueo del escritor y a encontrar nuevas perspectivas para tus proyectos creativos. Puedes utilizar Prompt Laver para escribir historias, poemas, guiones y mucho más. Con una amplia gama de categorías y temas, puedes encontrar la inspiración adecuada para cada ocasión. Con Prompt Laver, puedes liberar tu mente y descubrir nuevas posibilidades creativas para expresar tu arte.

- *IDEAS, CREATIVIDAD
- **Buzón de mensajes**
- https://promptbox.ai/
-
- Prompt Box es una herramienta basada en inteligencia artificial que te ayuda a generar ideas y contenidos creativos. Con una amplia colección de prompts e ideas creativas, Prompt Box te ofrece una fuente inagotable de inspiración para escritores, artistas y creadores de contenidos. Puedes utilizar Prompt Box para generar ideas para historias, poemas, dibujos, proyectos artísticos y mucho más. Con un simple clic, puedes recibir sugerencias al azar o filtrar las opciones para encontrar las que mejor se adapten a tu estilo creativo. Con Prompt Box, ya no tendrás que preocuparte por el bloqueo del escritor o la falta de inspiración, porque siempre tendrás nuevas ideas a tu alcance para dar vida a tus creaciones.

28. CONVERSIÓN DE TEXTO, SÍNTESIS DE VOZ

• *CONVERTIR TEXTO EN AUDIO

- **Audyo**
- https://audyo.ai/
-
- Audyo es una herramienta de síntesis de voz basada en inteligencia artificial. Esta herramienta permite a los usuarios convertir texto escrito en habla vocal realista y natural. Es útil para crear contenidos de audio para podcasts, vídeos, anuncios y mucho más. Audyo ofrece una amplia gama de voces y personalizaciones para adaptarse a las necesidades de los usuarios.

• *GENERADOR DE AUDIO A PARTIR DE TEXTO

- **Creador de TTS**
- https://ttsmaker.com/
-
- TTS Maker es una herramienta para generar audio a partir de texto basada en inteligencia artificial. Esta herramienta permite convertir texto en voz de forma rápida y sencilla. Es útil para la creación de contenidos de audio y audiolibros, así como para la accesibilidad de personas con discapacidad visual.

• *SÍNTESIS DE VOZ

- **Voz**

- https://voiceful.io/
-
- Voiceful es una herramienta de síntesis de voz basada en inteligencia artificial que permite a los usuarios crear voces y diálogos personalizados. Con Voiceful, puedes modificar la voz de un personaje o crear voces completamente nuevas para tus propios proyectos de audio. Es ideal para producir audiolibros, podcasts, animaciones y mucho más.

- *SÍNTESIS DE VOZ

- **Sistema operativo Openvoice**
- https://openvoiceos.com/
-
- Openvoice OS es una interfaz de programación de aplicaciones (API) basada en IA que permite a los desarrolladores integrar funciones de síntesis de voz en sus aplicaciones. Con Openvoice OS, se puede convertir texto en voz de forma rápida y precisa, proporcionando a los usuarios una experiencia auditiva natural y atractiva. Esta herramienta es especialmente útil para las empresas que desean ofrecer servicios de texto a voz en sus aplicaciones, como asistentes de voz, audiolibros, anuncios de voz y mucho más. Con Openvoice OS, puede ofrecer una experiencia de audio personalizada y de alta calidad para enriquecer sus aplicaciones y mejorar la interacción con el usuario.

- *SÍNTESIS DE VOZ

- **Lovo**
- https://lovo.ai/
-

- Lovo es una herramienta de síntesis de voz basada en inteligencia artificial que permite a los usuarios crear voces personalizadas para sus proyectos de audio y vídeo. Con Lovo se pueden generar voces humanas realistas en distintos idiomas y estilos, lo que hace que los proyectos audiovisuales resulten más atractivos y profesionales.

- *SÍNTESIS DE VOZ, CLONACIÓN DE VOZ

- **Asemejarse a la IA**
- https://resemble.ai/
-
- Resemble AI es una herramienta de síntesis de voz basada en inteligencia artificial que permite crear voces personalizadas a partir de unos pocos segundos de grabación. Con Resemble AI se pueden generar voces en distintos idiomas y estilos, lo que hace que los proyectos de audio y vídeo sean más atractivos y auténticos.

- *CONVERSIÓN DE TEXTO EN VOZ

- **Voz fina**
- https://fineshare.com/finevoice/
-
- Fine Voice es una herramienta de conversión de texto a voz basada en IA. Los usuarios pueden escribir texto y Fine Voice lo transformará en un archivo de audio con una voz natural y realista.

- *MODIFICAR VOZ

- **Voicemod**

- https://voicemod.net/
-
- Voicemod es una divertida y creativa aplicación de edición de voz que te permite transformar tu voz en tiempo real durante llamadas de voz y chats. Con efectos de voz realistas y una amplia biblioteca de voces diferentes, Voicemod añade un toque divertido y original a las conversaciones de voz. La app puede utilizarse con aplicaciones de chat y voz como Discord, Skype, PUBG y muchas otras. Los usuarios pueden elegir entre una amplia gama de voces, desde voces clásicas como hombre, mujer y niño, hasta voces más imaginativas como robot, monstruo y alienígena. Voicemod es una herramienta ideal para cualquiera que quiera divertirse y hacer que las conversaciones de voz sean más interesantes y entretenidas.

  - *SÍNTESIS VOCAL. VOCES ARTIFICIALES
- **Usted**
- https://you.com/
-
- You es una IA de síntesis de voz que permite a los usuarios crear voces sintéticas personalizadas y realistas. Con You, los usuarios pueden grabar su propia voz o introducir texto, y la herramienta utiliza algoritmos de inteligencia artificial para generar una voz sintética que se asemeja a la voz del usuario. Es una opción innovadora para crear mensajes de voz, audiolibros, podcasts y mucho más, que permite a los usuarios tener una voz sintética única y distintiva. También ofrece la posibilidad de personalizar el tono, el ritmo y la altura de la voz, lo que permite a los

usuarios crear voces sintéticas realmente únicas y atractivas.

- *RECONOCIMIENTO DEL HABLA, SÍNTESIS DEL HABLA

- **Big Speak**
- https://bigspeak.ai/
-
- Big Speak es una plataforma de inteligencia artificial que ofrece funciones avanzadas de reconocimiento de voz y síntesis del habla. Con Big Speak, los usuarios pueden crear voces personalizadas y realistas para vídeos, podcasts, anuncios y mucho más. Esta herramienta es ideal para creadores de contenidos, desarrolladores de juegos, agencias de marketing y empresas que quieran ofrecer una experiencia de audio envolvente y de alta calidad a sus usuarios. Big Speak ofrece una amplia gama de voces, que se pueden personalizar en cuanto a tono, velocidad, volumen, etc. Con una tecnología de síntesis de voz de última generación, Big Speak garantiza voces realistas y naturales que captan la atención del público.

- *SÍNTESIS DE VOZ

- **Maya**
- https://maya.ai/
-
- Maya es una IA de síntesis de voz que permite a los usuarios crear voces sintéticas personalizadas y realistas. Con Maya, los usuarios pueden grabar su propia voz o introducir texto y la herramienta utiliza algoritmos de inteligencia artificial para generar una

voz sintética que se asemeja a la voz del usuario. Es una opción innovadora para crear mensajes de voz, audiolibros, podcasts y mucho más, que permite a los usuarios tener una voz sintética única y distintiva. Maya también ofrece la posibilidad de personalizar el tono, el ritmo y la altura de la voz, lo que permite a los usuarios crear voces sintéticas realmente únicas y atractivas.

• *TEXT TO AUDIO

- **Artículo.Audio**
- https://article.audio/
-
- Article.Audio es una herramienta de inteligencia artificial que convierte artículos y textos en atractivos contenidos de audio. Los usuarios pueden convertir sus artículos en archivos de audio en varios formatos, como podcasts, audiolibros y mucho más. Esta herramienta es ideal para creadores de contenidos, blogueros y editores que quieran ampliar su audiencia y ofrecer sus contenidos en un formato accesible y atractivo. Con funciones avanzadas de síntesis de voz, Article.Audio ofrece audio de alta calidad y una voz natural que convierte la escucha en una experiencia agradable para los usuarios.

• *SÍNTESIS DE VOZ, VOZ ARTIFICIAL

- **Yippity**
- https://yippity.io/
-
- Yippity es una innovadora herramienta de síntesis de voz basada en inteligencia artificial que permite a los

usuarios crear voces artificiales personalizadas de forma rápida y sencilla. Con Yippity, puede dar vida a sus textos y guiones utilizando una amplia gama de voces, estilos y tonos, haciendo que sus creaciones de voz sean auténticas y atractivas. Esta herramienta es ideal para producir contenidos de audio, audiolibros, podcasts, anuncios y mucho más. Yippity ofrece una interfaz fácil de usar y una gran variedad de opciones de personalización para que los usuarios consigan el resultado deseado sin esfuerzo. Con Yippity, puedes dar a tus ideas y creaciones una voz única.

29. PDF, GRÁFICOS, MAPAS, HERRAMIENTAS

• *EDITAR PDF

• **PDF pequeño**

• https://smallpdf.com/

•

• Small PDF es una herramienta basada en inteligencia artificial para convertir, comprimir y editar archivos PDF. Esta herramienta ofrece funciones para trabajar con archivos PDF de forma sencilla e intuitiva. Es útil para cualquiera que necesite manipular documentos PDF, incluyendo la compresión, edición y fusión de archivos.

• *ELIMINACIÓN DEL FONDO DE LAS IMÁGENES

• **Fondo**

- https://background.lol/

-

- Background es una herramienta que permite eliminar el fondo de imágenes y fotos de forma rápida y sencilla. Esta herramienta utiliza IA para detectar y aislar el sujeto principal de las imágenes, lo que le permite obtener imágenes con un fondo transparente.

- *COMPRESIÓN, OPTIMIZACIÓN DE IMÁGENES
- **DriveZpresso**
- https://getdrivezpresso.com/vip/

-

- DriveZpresso es una herramienta de compresión y optimización de imágenes para la web. Esta plataforma ayuda a los usuarios a reducir el tamaño de las imágenes sin perder calidad, optimizando los tiempos de carga de las páginas web y mejorando la experiencia del usuario. Es una solución ideal para profesionales del diseño web y desarrolladores que quieran optimizar las imágenes de sus sitios web de forma eficiente.

- *De los CONCEPTOS a los DIAGRAMAS VISUALES
- **Bubblus**
- https://bubbl.us/

-

- Bubblus es una aplicación de mapas mentales que permite organizar ideas y conceptos en diagramas visuales. Con una gran variedad de opciones para personalizar el diseño y las conexiones entre las ideas, Bubblus es una gran herramienta para la lluvia de ideas, la planificación de proyectos, la creación de organigramas y mucho más. Las conexiones entre nodos se modifican fácilmente, lo que permite una organización flexible de la información.

- *PRESENTACIONES, INFORMES, GRÁFICOS
- **Visme**
- https://visme.co/
-
- Visme es una completa plataforma de diseño visual que permite a los usuarios crear presentaciones, infografías, informes, gráficos y mucho más. Con Visme no hace falta ser un experto en diseño; la plataforma ofrece una amplia selección de plantillas predefinidas y una biblioteca de gráficos, iconos y fuentes que se pueden personalizar fácilmente arrastrando y soltando. Los usuarios pueden añadir datos, tablas y gráficos interactivos para crear presentaciones e infografías dinámicas y atractivas. Además, Visme ofrece funciones de colaboración en tiempo real, lo que permite a varios usuarios trabajar simultáneamente en un proyecto. Con Visme, crear contenidos visuales de alta calidad para fines profesionales y educativos se convierte en una experiencia fácil y gratificante.

- *CREACIÓN DE GRÁFICOS Y DIAGRAMAS
- **Gráfico**
- https://getcharteditor.com/
-

- Chart es una herramienta de creación de gráficos y diagramas basada en inteligencia artificial. Esta herramienta ofrece funciones avanzadas para crear visualizaciones de datos de forma rápida y sencilla. Es útil para profesionales, investigadores y comunicadores que deseen representar datos de forma clara y atractiva para facilitar su comprensión.

- *COMPRESIÓN DE IMÁGENES, ARCHIVOS

- **Compresor io**
- https://compressor.io/
-
- Compressor io es una herramienta para comprimir imágenes y archivos. Esta herramienta permite reducir el tamaño de los archivos sin perder calidad de imagen. Es útil para quienes desean optimizar imágenes para la web, reduciendo los tiempos de carga de las páginas.

- *CONVERSIÓN DE ARCHIVOS MULTIMEDIA

- **Media 10**
- https://media.io/
-
- Media 10 es una herramienta para convertir archivos multimedia. Esta herramienta permite convertir fácilmente imágenes, vídeos y audio a distintos formatos. Es útil para quienes necesitan adaptar y optimizar archivos multimedia para distintas plataformas y dispositivos.

- *COMPARTIR,ARCHIVAR

- **Ir al archivo**
- https://gofile.io/
-
- Go File es una herramienta para compartir y almacenar archivos. Esta herramienta permite cargar y compartir fácilmente archivos de gran tamaño con otras personas. Es útil para colaboraciones empresariales, intercambiar archivos y compartir contenidos con amigos y compañeros.

- *CREACIÓN DE MAPAS
- **Cartografía AV**
- https://avmapping.co/en/
-
- AV Mapping es una herramienta de cartografía virtual que utiliza la realidad aumentada para crear mapas interactivos e inmersivos. Es ideal para la navegación en interiores, el turismo y las experiencias de realidad virtual.

- *TRANSFERENCIA DE ARCHIVOS
- **Transferimos**
- https://wetransfer.com
-
- We Transfer es una plataforma de transferencia de archivos que permite a los usuarios enviar grandes cantidades de datos de forma rápida y segura, ideal para compartir archivos multimedia y proyectos creativos.

- *CREACIÓN DE MAPAS, DIAGRAMAS

- **MindSmith**
- https://mindsmith.ai/
-
- MindSmith es una herramienta basada en IA para crear mapas mentales y conceptuales de forma rápida e intuitiva. Con capacidades automáticas de generación de mapas y análisis de datos, MindSmith permite visualizar y organizar ideas e información de forma estructurada y creativa. Esta herramienta es especialmente útil para estudiantes, profesores y profesionales que deseen mejorar sus habilidades de aprendizaje y organización de la información. Con MindSmith, puede obtener mapas mentales claros y detallados para facilitar el proceso de estudio, trabajo y creatividad.

- *PROYECTOS, PRESENTACIONES, MAPAS CONCEPTUALES

- **Mapas GPT**
- https://mapsgpt.com/
-
- Maps GPT es una IA de generación de mapas que permite a los usuarios crear mapas personalizados y detallados para proyectos y presentaciones. Con Maps GPT, los usuarios pueden especificar la ubicación, los puntos de interés y la información deseada, y la herramienta utiliza algoritmos de inteligencia artificial para crear un mapa interactivo e informativo. Se trata de una herramienta indispensable para diseñadores, desarrolladores y profesionales del sector que deseen ofrecer información geográfica de forma clara y visualmente atractiva. Maps GPT también ofrece

funciones de personalización, como colores, estilos y diseños, para crear mapas únicos y creativos para cada proyecto.

- **I Love PDF**
- https://ilovepdf.com/
-
- I Love PDF es una plataforma basada en inteligencia artificial que le ofrece una amplia gama de herramientas para trabajar con archivos PDF. Puede utilizar I Love PDF para combinar, dividir, comprimir, convertir y editar sus archivos PDF de forma rápida y sencilla. Con su interfaz fácil de usar, puede arrastrar y soltar sus archivos PDF directamente en la aplicación y empezar a utilizar las herramientas de edición sin tener que instalar ningún software adicional. I Love PDF es una herramienta indispensable para cualquiera que trabaje con archivos PDF y necesite herramientas eficaces para gestionar y editar documentos.

-

- *FIRMA DIGITAL
- **Sabueso con firma**
- https://signaturehound.com/
-
- Signature Hound es una aplicación basada en inteligencia artificial que te ayuda a gestionar y organizar tus firmas digitales de forma segura y eficaz. Con funciones avanzadas de firma electrónica, Signature Hound le permite estampar firmas digitales en documentos importantes de forma rápida y segura. Puede cargar sus documentos, añadir las firmas de los firmantes autorizados y recibir notificaciones en tiempo

real cuando se firmen los documentos. Con Signature Hound, puede eliminar la necesidad de imprimir y firmar documentos en papel, ahorrando tiempo y recursos valiosos. Es una herramienta esencial para empresas y profesionales que deseen simplificar y optimizar el proceso de firma de documentos.

30. TRANSPORTE

- *OPTIMIZACIÓN DEL RENDIMIENTO DE LA FLOTA DE VEHÍCULOS
- **Caroot**
- https://caroot.app/
-
- Caroot es una herramienta de optimización del rendimiento de vehículos y flotas. Esta herramienta ofrece análisis e informes sobre el rendimiento de los vehículos, ayudando a las empresas a mejorar la eficiencia y el mantenimiento de su flota. Es útil para las empresas que gestionan una flota de vehículos y desean optimizar los costes y aumentar la productividad.

- *SEGUIMIENTO DEL TRÁFICO AÉREO
- **Tráfico aéreo en tiempo real**
- https://flightradar24.com/
-
- Real Time Air Traffic es una aplicación de seguimiento del tráfico aéreo en tiempo real que ofrece una

visualización interactiva de los vuelos en curso en todo el mundo. Con Real Time Air Traffic, los usuarios pueden seguir y rastrear aeronaves en movimiento en tiempo real, obteniendo información detallada del vuelo, como la ruta, la altitud, la velocidad y el tipo de aeronave. Esta herramienta es ideal para entusiastas de la aviación, viajeros frecuentes y estudiantes de aviación que deseen explorar el tráfico aéreo mundial. Real Time Air Traffic utiliza datos de vuelo actualizados en tiempo real, proporcionando una visualización precisa y fiable de los movimientos de aeronaves en todo el mundo.

31. ASISTENCIA JURÍDICA

- *ASISTENCIA Y ASESORAMIENTO JURÍDICOS
- **Al Abogado**
- https://ailawyer.pro/

- AI Lawyer es una herramienta de asistencia jurídica basada en inteligencia artificial. Esta herramienta ofrece asistencia jurídica automatizada y asesoramiento sobre diversas cuestiones legales. Es útil para abogados, bufetes de abogados y ciudadanos particulares que deseen obtener información jurídica precisa y oportuna.

- *ANÁLISIS DE DOCUMENTOS JURÍDICOS
- **Robot legal**

- https://legalrobot.com/

•

- Legal Robot es una herramienta avanzada de análisis jurídico basada en inteligencia artificial. Utiliza algoritmos de aprendizaje automático para analizar documentos jurídicos y proporcionar análisis detallados sobre aspectos clave, como cláusulas, términos y condiciones, y riesgos potenciales. Con Legal Robot, los abogados y profesionales del derecho pueden obtener información detallada y precisa para tomar decisiones estratégicas con conocimiento de causa. Es una herramienta inestimable para optimizar la toma de decisiones jurídicas y ahorrar tiempo y esfuerzo en la revisión de documentos.

32. AUTOMATIZACIÓN DEL TRABAJO

- *AUTOMATIZACIÓN DEL TRABAJO EN LÍNEA
- **Rompefantasmas**
- https://phantombuster.com/

•

- Phantom Buster es una herramienta de automatización web basada en inteligencia artificial para automatizar tareas como web scraping, automatización de redes sociales, minería de datos, mensajería y mucho más. Es una herramienta útil para empresas y desarrolladores que deseen simplificar y agilizar procesos repetitivos en la web.

- *AUTOMATIZACIÓN DE CONTENIDOS DIGITALES

- **Un Al**

- https://oneai.com/

-

- One Al es una plataforma de inteligencia artificial que ofrece una amplia gama de herramientas para la creación y automatización de contenidos digitales. Los usuarios pueden utilizar la IA para generar texto, imágenes, vídeos y mucho más, simplificando y acelerando el proceso creativo.

- * AUTOMATIZACIÓN DEL TRABAJO

- **Autómatas**

- https://byautomata.io/

-

- Automata es una plataforma de automatización inteligente que permite a los usuarios crear fácilmente procesos automatizados para simplificar el trabajo y mejorar la eficiencia. Los usuarios pueden automatizar tareas repetitivas y tediosas, mejorando la productividad y liberando tiempo para actividades más estratégicas. Es una herramienta esencial para quienes desean optimizar los flujos de trabajo y reducir los errores humanos en las actividades diarias.

- *AUTOMATIZACIÓN DE PROCESOS EMPRESARIALES

- **Ebi**

- https://ebi.ai/
-
- Ebi es una herramienta de inteligencia artificial y asistencia virtual que ofrece soluciones personalizadas para la automatización de procesos empresariales y la atención al cliente. Con capacidades de reconocimiento de voz y lenguaje natural, Ebi permite a las empresas ofrecer servicios de atención al cliente eficaces e interactivos, mejorando la experiencia del cliente y reduciendo los tiempos de respuesta. Esta herramienta es popular entre las empresas que desean implantar soluciones de asistencia virtual de última generación para mejorar la eficiencia operativa y satisfacer las necesidades de los clientes con rapidez y eficacia.

  - *AUTOMATIZACIÓN DE ACTIVIDADES ENTRE APLICACIONES

- **IETTT**
- https://ifttt.com/
-
- IETTT (If This Then That) es un servicio de automatización que permite enlazar distintas apps y dispositivos para crear acciones automatizadas basadas en activadores específicos. Con IFTTT, los usuarios pueden crear "applets" que automatizan diversas tareas, como recibir notificaciones cuando se producen determinados eventos o sincronizar datos entre distintas plataformas. La interfaz intuitiva y fácil de usar de IFTTT hace que la creación de applets sea sencilla y accesible incluso para los usuarios menos expertos en tecnología.

- *OPTIMIZACIÓN DE PROCESOS, PRODUCTIVIDAD EMPRESARIAL

- **Seida**

- https://seida.com/

-

- Seida es una plataforma de inteligencia artificial que ofrece una amplia gama de herramientas y soluciones basadas en IA para empresas. Con Seida, las empresas pueden aprovechar el poder de la IA para mejorar las operaciones comerciales, optimizar los procesos, tomar decisiones informadas y mucho más. Entre las herramientas que ofrece Seida se encuentran motores de recomendación, análisis predictivo, asistentes virtuales, reconocimiento de voz y visual y mucho más. La plataforma es altamente personalizable y puede adaptarse a las necesidades específicas de cada empresa. Seida es la opción ideal para las empresas que deseen implantar la IA en sus operaciones y obtener importantes ventajas competitivas.

33.VIDEOLLAMADAS

- *VIDEO LLAMADAS

- **Camira**

- https://camira.ai/

-

- Camira es una aplicación de videollamadas que utiliza IA para mejorar la calidad de la imagen durante las llamadas. Mediante algoritmos de inteligencia artificial, Camira optimiza automáticamente la imagen en tiempo real, proporcionando videollamadas más claras y nítidas.

34. DISEÑO, RENDERIZADO, 3D

• *VISUALIZADOR DE HOME RESTYLING

• **Reimaginar el hogar**

• https://wheretoai.com/

•

• REimagine Home es una herramienta basada en inteligencia artificial que permite a los usuarios visualizar cómo quedaría una nueva decoración o mobiliario en una habitación ya existente. Los usuarios pueden probar distintas combinaciones de colores, muebles y decoraciones para hacerse una idea clara de cómo podría transformarse el interior.

• *DISEÑO DE INTERIORES

• **InicioStyler**

• https://homestyler.com/

•

• HomeStyler es una herramienta de diseño de interiores en 3D que permite a los usuarios crear fácilmente distribuciones y planos para el diseño de interiores. Los usuarios pueden seleccionar muebles, mobiliario y decoraciones para amueblar espacios virtuales y obtener una visualización realista de su diseño. Es un recurso excelente para interioristas, arquitectos y propietarios.

- *DISEÑO INTERIOR

- **Casa de ensueño**
- https://dreamhouseai.com/
-
- Dreamhouse es una herramienta de decoración y diseño de interiores basada en inteligencia artificial que ayuda a los usuarios a hacer realidad sus sueños. Gracias a sus funciones de simulación y modelado, los usuarios pueden explorar distintas distribuciones y estilos de mobiliario para su hogar. Dreamhouse utiliza algoritmos avanzados para sugerir colores, muebles y accesorios que encajen con las preferencias del usuario y la arquitectura del espacio. Esta herramienta es un aliado perfecto para interioristas, propietarios y entusiastas del mobiliario que quieran experimentar y visualizar distintas opciones antes de tomar decisiones importantes.

- *RENDERIZACIÓN, ANIMACIONES 3D

- **IA G3D**
- https://g3d.ai/
-
- G3D AI es una herramienta de renderizado y animación 3D basada en IA para crear imágenes y vídeos realistas y de alta calidad. Con G3D AI, los usuarios pueden crear modelos 3D, añadir texturas, iluminación y animación, y generar renderizados fotorrealistas de

forma rápida e intuitiva. La herramienta utiliza algoritmos de inteligencia artificial para mejorar la eficacia del proceso de renderizado y optimizar el detalle y la representación de las imágenes 3D. Se trata de una herramienta esencial para artistas, diseñadores y profesionales que trabajan en el campo de los gráficos y la animación 3D, ya que les permite crear proyectos de alta calidad con mayor facilidad y precisión.

• *PROYECCIÓN

• **Espacial**
• https://spatial.ai/
•
• Spatial es una herramienta avanzada de diseño y colaboración basada en inteligencia artificial. Permite a los usuarios crear modelos y dibujos tridimensionales de forma rápida e intuitiva. Mediante algoritmos de aprendizaje automático, Spatial es capaz de reconocer objetos y formas, facilitando el proceso de diseño y haciéndolo más eficiente. Se utiliza mucho en arquitectura, ingeniería y diseño para visualizar y compartir proyectos en colaboración.

• *BIBLIOTECA DE MODELOS 3D

• **Poly**
• https://withpoly.com/browse/textures/
•
• Poly es una biblioteca de modelos 3D gratuita y de acceso universal proporcionada por Google. La plataforma ofrece una amplia selección de objetos, modelos y escenas en 3D que pueden utilizarse en

proyectos creativos, videojuegos, animaciones y mucho más. Los usuarios pueden explorar la colección de Poly y descargar modelos de alta calidad para enriquecer sus proyectos. Poly es una herramienta útil para artistas, diseñadores, desarrolladores de juegos y animadores que deseen añadir elementos 3D a su trabajo.

- *CREACIÓN DE MODELOS 3D

- **Kaedim**
- https://kaedim3d.com/
-
-

- Kaedim es una potente herramienta de inteligencia artificial para crear modelos 3D avanzados. Con Kaedim, los usuarios pueden transformar fácilmente modelos 2D en imágenes 3D detalladas, mejorando enormemente el proceso de diseño y producción. Esta revolucionaria herramienta ofrece funciones de generación de modelos 3D de alta fidelidad, incluidos efectos de iluminación realistas y texturas detalladas, lo que permite a los usuarios conseguir resultados asombrosos con facilidad. Kaedim se utiliza ampliamente en campos como los gráficos, el diseño de productos, la animación y la visualización arquitectónica.

- *PROYECCIÓN

- **Crear Vista**
- https://create.vista.com/
-

- Create Vista es una aplicación basada en inteligencia artificial que le ayuda a crear diseños en perspectiva de forma rápida y precisa. Con algoritmos avanzados de renderizado y gráficos, Create Vista le permite crear dibujos en perspectiva realistas y de alta calidad. Puede añadir elementos arquitectónicos, mobiliario y otros detalles para crear visualizaciones de proyectos de diseño y arquitectura. Con Create Vista, puede presentar sus diseños de forma profesional y atractiva, obteniendo una vista previa realista de cómo quedarán cuando estén terminados.

- *ANIMACIONES 2D, 3D

- **Almas AI**
- https://animeai.lol/
-
- Anime AI es una aplicación basada en inteligencia artificial que te permite crear animaciones 2D y 3D de forma rápida y sencilla. Gracias a sus avanzados algoritmos de animación, Anime AI te ofrece una amplia gama de herramientas y opciones para dar vida a tus ideas y crear animaciones atractivas. Puedes crear personajes, objetos, entornos y movimientos y animarlos con sólo unos clics. Anime AI es ideal para animadores, diseñadores, desarrolladores de juegos y entusiastas de la animación que quieran crear contenidos visuales llamativos y atractivos. Con Anime AI podrás explorar tu creatividad y dar vida a tus historias e ideas de forma digital e innovadora.

35.METAVERSO, JUEGOS, ENTRETENIMIENTO, VIAJES

• *PREVISIONES FUTURAS

- **Predis**
- https://predis.ai/
-

- Predis es una aplicación de vanguardia que aprovecha la inteligencia artificial para ofrecerle predicciones precisas y fiables sobre el futuro. Con la ayuda de sus potentes algoritmos de análisis de datos, Predis analiza datos históricos y tendencias para ofrecerle predicciones sobre acontecimientos futuros, como fluctuaciones bursátiles, meteorología, tendencias del mercado y mucho más. Esta herramienta le ayuda a tomar decisiones informadas y a planificar el futuro con mayor conocimiento de causa. Tanto si es usted inversor, empresario o simplemente una persona interesada en conocer las próximas tendencias, Predis le proporciona información valiosa y le ayuda a ir un paso por delante en su estrategia de toma de decisiones.

• *MAYOR REALIDAD

- **Krikey**
- https://krikey.ai/
-

- Krikey es una aplicación de realidad aumentada basada en IA que ofrece experiencias de juego inmersivas e interactivas. Los usuarios pueden jugar a juegos de realidad aumentada con personajes virtuales y retos interactivos que se integran en el entorno real.

- *SUGERENCIAS OCIO

- **Dónde ir**
- https://wheretoai.com/
-
- Where to es una plataforma basada en inteligencia artificial que ofrece recomendaciones personalizadas de lugares y actividades. Los usuarios pueden facilitar información sobre su ubicación y preferencias, y Where to les ofrecerá sugerencias sobre restaurantes, atracciones y actividades en función de sus preferencias.

- *SUPERVISIÓN DE PRECIOS

- **Camello Camello**
- https://camelcamelcamel.com/
-
- Camel Camel es una herramienta de seguimiento de precios en Amazon. Los usuarios pueden introducir el enlace a un producto en Amazon y recibir notificaciones cuando el precio baje o suba. Es una herramienta útil para aquellos que quieren vigilar los precios de productos específicos y esperar el momento adecuado para hacer una compra.

- *Ahora en el MUNDO

- **Cada zona horaria**
- https://everytimezone.com/
-
- Every Time Zone es un sitio web que muestra la hora local en diferentes partes del mundo. Los usuarios pueden comparar fácilmente las zonas horarias de distintas ciudades y planificar sus actividades de comunicación y trabajo en función de la hora local. Es una herramienta útil para quienes trabajan con equipos internacionales o viajan con frecuencia.

- *ANÁLISIS DEL JUEGO

- **GG Predecir**
- https://ggpredict.io/
-
- GG Predict es una herramienta basada en inteligencia artificial diseñada para la industria del juego y los eSports. Ofrece predicciones y análisis avanzados del rendimiento de jugadores y equipos, ayudando a los entusiastas del juego y a los expertos a tomar decisiones informadas. Con GG Predict, los usuarios pueden obtener predicciones sobre las probabilidades de ganar partidos, el rendimiento de los jugadores, las estrategias ganadoras y mucho más. Es una herramienta esencial para los entusiastas de los eSports, los jugadores de competición y los equipos de juego que quieran maximizar sus posibilidades de éxito.

- * ANÁLISIS y PREDICCIONES DEPORTIVAS

- **5 fuera**
- https://5out.io/

-
- 5-out es un software de análisis y predicción del rendimiento deportivo que utiliza algoritmos de Inteligencia Artificial para analizar los datos de los equipos y proporcionar predicciones y estrategias para mejorar el rendimiento.

- *EXPERIENCIAS EN EL METAVERSO
- **Salto Mágico**
- https://magicleap.com/
-
- Magic Leap es un sistema de realidad aumentada que proporciona experiencias inmersivas y envolventes en entornos virtuales. Se utiliza en diversos sectores, como el entretenimiento, la educación y la industria, para crear experiencias de RA únicas e innovadoras. Es útil para desarrolladores y empresas que deseen explotar el potencial de la realidad aumentada para mejorar las interacciones de los usuarios y ofrecer experiencias de alto nivel.

- *CREANDO DESEOS DE CUMPLEAÑOS
- **Feliz Cumpleaños**
- https://1happybirthday.com/
-
- Cumpleaños Feliz es una aplicación basada en inteligencia artificial para crear felicitaciones de cumpleaños personalizadas. Los usuarios pueden introducir el nombre y otros datos de la persona deseada, y la aplicación generará automáticamente una felicitación de cumpleaños única y especial. Con una amplia gama de plantillas y estilos para elegir,

Cumpleaños Feliz ofrece la posibilidad de enviar deseos personalizados y significativos a familiares y amigos.

• *HUMORISMO

- **Ai es una broma**
- https://aiisajoke.com/
-
- Ai is a Joke es una plataforma de humor basada en IA que utiliza algoritmos de generación de lenguaje para crear chistes y bromas divertidas. Los usuarios pueden experimentar y compartir creaciones cómicas generadas por IA.

• *INTERPRETACIÓN DE SUEÑOS

- **Intérprete de sueños**
- https://dreaminterpreter.ai/
-
- Dream interpreter es una herramienta de interpretación de sueños basada en inteligencia artificial que ayuda a los usuarios a comprender los significados ocultos de sus sueños. Con capacidades de análisis de texto y modelos de interpretación, Dream interpreter ofrece explicaciones y análisis detallados de los sueños, permitiendo a los usuarios explorar el significado simbólico y psicológico de sus experiencias oníricas. Esta herramienta es útil para psicólogos, aficionados a la psicología y cualquier persona interesada en explorar el mundo de los sueños y su posible influencia en la psique humana.

• *CREANDO BROMAS

- **Jokelub**
- https://jokelub.com/
-
- Jokelub es una plataforma de creación de chistes basada en IA que permite a los usuarios generar chistes y remates de forma rápida y divertida. Gracias al análisis de datos y al aprendizaje automático, Jokelub es capaz de generar chistes originales y creativos, adaptándose a los gustos y al humor de los usuarios. Esta herramienta es perfecta para cualquiera que quiera añadir un toque de humor y frivolidad a sus contenidos e interacciones con los demás. Con Jokelub, puedes conseguir chistes divertidísimos y personalizados para que tus conversaciones y contenidos sean más graciosos y atractivos.

- *JUEGOS DE ROL

- **Aventuras RPG**
- https://litrpgadventures.com/
-
- RPG Adventures es una herramienta de inteligencia artificial que ofrece una amplia gama de aventuras de juegos de rol (RPG) generadas automáticamente. Con RPG Adventures, los jugadores pueden sumergirse en historias épicas, explorar mundos fantásticos y enfrentarse a emocionantes desafíos, todo ello creado algorítmicamente para ofrecer una experiencia de juego única y envolvente. Esta herramienta es un recurso excelente para game masters y jugadores de RPG que quieran ampliar sus posibilidades de juego y descubrir nuevas aventuras sin tener que escribir manualmente cada detalle de la partida.

- *VISTA A LA CALLE

- **Vista aleatoria de la calle**
- https://randomstreetview.com/
-
- Random Street View es un sitio que permite a los usuarios explorar lugares aleatorios de todo el mundo utilizando Google Street View. El usuario puede descubrir lugares remotos, ciudades desconocidas y rincones pintorescos, convirtiendo la experiencia de exploración virtual en una aventura fascinante. Con un simple clic, el usuario es llevado a un lugar aleatorio del mapa y puede empezar a explorar su entorno en modo Street View. Esta herramienta ofrece una experiencia de descubrimiento única, que permite a los usuarios viajar virtualmente por todo el mundo sin moverse de casa.

- *VIENTO EN EL MUNDO

- **Mapa del viento**
- https://earth.nullschool.net/
-
- Wind Map es un mapa interactivo que visualiza las corrientes de viento de todo el mundo en tiempo real. Utilizando datos meteorológicos mundiales, Wind Map crea una animación fluida que muestra las corrientes de viento en una fascinante representación visual. La animación está en constante movimiento, lo que permite a los usuarios observar la evolución de las corrientes de viento en distintas regiones del mundo. Esta herramienta es útil para entusiastas de la meteorología, científicos y cualquier persona

interesada en observar los patrones globales del viento en tiempo real.

- *VIAJE

- **Nijijourney**
- https://nijijourney.com/ es/
-

- Nijijourney es una herramienta de inteligencia artificial que ofrece una experiencia única de viaje virtual. Los usuarios pueden explorar virtualmente diferentes destinos de todo el mundo, descubriendo nuevos lugares, culturas y atracciones turísticas. Nijijourney utiliza tecnologías avanzadas de realidad virtual e inteligencia artificial para crear experiencias inmersivas y realistas, permitiendo a los usuarios vivir una aventura de viaje sin tener que moverse físicamente. Esta herramienta es ideal para los viajeros ávidos y quienes deseen explorar nuevos destinos desde casa. Con Nijijourney, es posible viajar por el mundo sin tener que abandonar la comodidad del entorno doméstico.

- *JUEGO

- **En Roguelite**
- https://store.steampowered.com/app/1889620/AI_Roguelite/
-

- Ai Roguelite es un juego innovador basado en la inteligencia artificial, que ofrece una experiencia de juego única y siempre cambiante en cada partida. Gracias a sus algoritmos de generación procedural, Ai Roguelite crea niveles, enemigos y objetos aleatoriamente, ofreciéndote una experiencia de juego siempre cambiante y desafiante. Puedes explorar mazmorras, derrotar enemigos, recoger tesoros y mejorar tus habilidades para progresar en el juego. Con una amplia gama de personajes jugables y habilidades especiales, Ai Roguelite ofrece una experiencia de juego única para todos los amantes de los juegos de rol y los desafíos tácticos.

• *PEINADO DEL CABELLO

• **Peinado AI**

• https://hairstyleai.com/

•

• Hairstyle AI es una plataforma de inteligencia artificial que ofrece una amplia selección de herramientas y funciones para explorar, experimentar y crear peinados virtuales. Los usuarios pueden subir una foto suya o de otras personas y utilizar el motor de IA para probar diferentes peinados, cortes y colores de pelo. Esta herramienta es ideal para cualquiera que quiera explorar nuevos looks sin tener que cortarse o teñirse el pelo. Hairstyle AI también ofrece funciones de reconocimiento facial y sugerencias personalizadas basadas en las preferencias y el estilo del usuario.

36. SUBTÍTULOS

• *CREAR SUBTÍTULOS

- **Sloyd**
- https://sloyd.ai/
-
- Sloyd es una plataforma que utiliza la inteligencia artificial para automatizar y simplificar el proceso de subtitulado de contenidos de vídeo. Los usuarios pueden subir sus vídeos y Sloyd generará automáticamente subtítulos precisos y sincronizados con el contenido.

- *SUBTÍTULOS

- **Leyendas**
- https://captions.ai/
-
- Captions AI es una herramienta basada en inteligencia artificial que proporciona automáticamente subtítulos precisos para los vídeos. Los usuarios pueden subir sus vídeos y la herramienta utilizará inteligencia artificial para reconocer y transcribir el contenido de audio, generando subtítulos sincronizados con el vídeo.

37. OPTIMIZACIÓN INFORMÁTICA

- * GUI (Interfaz gráfica de usuario) OPTIMIZACIÓN
- **Tooltips AI**

- https://tooltips.ai/

-

- Tooltips AI es una plataforma basada en IA que ofrece sugerencias automáticas para mejorar el diseño y la usabilidad de las interfaces de usuario. Los usuarios pueden integrar Tooltips AI en sus diseños para obtener consejos útiles para la usabilidad y la experiencia de usuario.

- *ANÁLISIS DEL RENDIMIENTO DE LA GPU

- **GPUX**

- https://gpux.ai/

-

- GPUX es una herramienta de última generación para analizar y optimizar el rendimiento de la GPU (unidad de procesamiento gráfico). Gracias a sus avanzadas funciones de monitorización, GPUX permite a los usuarios seguir y analizar el rendimiento de la GPU en tiempo real. Esta herramienta es especialmente útil para jugadores y profesionales gráficos que desean optimizar el rendimiento de sus dispositivos y garantizar gráficos fluidos y de alta calidad. GPUX también ofrece herramientas de diagnóstico y solución de problemas, lo que permite a los usuarios identificar cualquier anomalía o mal funcionamiento y solucionarlos rápidamente. Con GPUX, es posible maximizar el potencial de la GPU y conseguir una experiencia gráfica y de juego óptima.

38. GESTIÓN EMPRESARIAL

- *GESTIÓN EMPRESARIAL en BLOCKCHAIN
- **Aragón**
- https://aragon.ai/
-
- Aragon es un sistema de gestión empresarial basado en blockchain que ofrece herramientas para organizar, supervisar y gestionar actividades y procesos empresariales de forma descentralizada y segura.

- *GESTIÓN DE PROCESOS EMPRESARIALES
- **Procys**
- https://procys.com/
-
- Procys es una herramienta de gestión de procesos basada en inteligencia artificial que ayuda a las empresas a optimizar las operaciones y mejorar la eficiencia. Con algoritmos de automatización y optimización del flujo de trabajo, Procys simplifica y agiliza los procesos empresariales, reduciendo los errores y mejorando la productividad. Esta herramienta es ideal para directores de operaciones, jefes de equipo y empresarios que desean optimizar las operaciones empresariales y reducir los costes de gestión.

39. EXCEL, HOJAS DE CÁLCULO

- *FORMULE EXCEL
- **Fórmula Excel bot**
- https://excelformulabot.com/
-
- Excel formula bot es una herramienta basada en inteligencia artificial que simplifica el uso de hojas de cálculo y fórmulas en Microsoft Excel. Con amplios conocimientos de fórmulas y funciones, el bot ofrece asistencia interactiva y consejos para realizar cálculos complejos y optimizar la manipulación de datos. Los usuarios pueden interactuar con el bot a través del chat y obtener instrucciones detalladas para resolver problemas y mejorar la eficiencia del análisis de datos. Esta herramienta es un valioso aliado para profesionales financieros, analistas de datos y empresarios que quieran explotar todo el potencial de Excel sin necesidad de conocimientos avanzados.

- *HOJAS DE CÁLCULO
- **Sheett+**
- https://sheetplus.ai/
-
- Sheett+ es una aplicación web basada en inteligencia artificial para crear y procesar hojas de cálculo avanzadas. Gracias a sus avanzadas funciones de automatización, Sheett simplifica la gestión y el análisis

de datos complejos, permitiendo a los usuarios obtener resultados precisos y detallados de forma rápida y eficaz. Es una herramienta ideal para profesionales, empresas e investigadores que deseen optimizar su trabajo con datos y cálculos complejos.

0,0 CONCLUSIONES

La inteligencia artificial se está convirtiendo rápidamente en parte integrante de nuestras vidas, transformando nuestra forma de interactuar con la tecnología y abriendo nuevas posibilidades en diversos campos. En particular, ha dado lugar a una amplia gama de herramientas y recursos que nos permiten explorar y comprender mejor este campo en evolución.

Una enciclopedia de herramientas sobre inteligencia artificial es un valioso aliado para cualquiera que desee profundizar sus conocimientos sobre el tema, ya que ofrece una completa recopilación de información para mejorar su vida.

0.00
CONTACTOS

SI ESTÁ INTERESADO EN RECIBIR UN AVANCE DE LOS PRÓXIMOS VOLÚMENES O UNA GUÍA ESPECÍFICA DEDICADA A DETERMINADAS HERRAMIENTAS, ESCRIBA A

INFO.NIYAGENESIS@GMAIL.COM